金陵全書

甲編·方志類·縣志

嘉靖高淳縣志
順治高淳縣志（一）

（明）劉啓東 修
（明）賈宗魯 纂
（清）紀聖訓 修
（清）林古度 纂

南京出版傳媒集團
南京出版社

圖書在版編目（CIP）數據

嘉靖高淳縣志 /（明）劉啓東修；（明）賈宗魯纂.
順治高淳縣志 /（清）紀聖訓修；（清）林古度纂. --
南京：南京出版社，2015.1
（金陵全書）
ISBN 978-7-5533-0607-0

Ⅰ. ①嘉… ②順… Ⅱ. ①劉… ②紀… ③賈… ④林
…Ⅲ. ①高淳縣—地方志—明清時代 Ⅳ. ①K295.34

中國版本圖書館CIP數據核字（2014）第160792號

書　名　**【金陵全書】**（甲編·方志類·縣志）
嘉靖高淳縣志·順治高淳縣志
編 著 者　（明）劉啓東　修　（明）賈宗魯　纂；
（清）紀聖訓　修　（清）林古度　纂
出版發行　南京出版傳媒集團
南　京　出　版　社
社址：南京市太平門街53號　　郵編：210016
網址：http://www.njcbs.cn　　淘寶網店：http://njpress.taobao.com
電子信箱：njcbs1988@163.com
聯系電話：025-83283871、83283864（營銷）　025-83112257（編務）

出 版 人　朱同芳
責任編輯　嚴行健　吴新婷
裝幀設計　楊曉崗
責任印製　楊福彬

製　版　南京新華豐製版有限公司
印　刷　南京凱德印刷有限公司
開　本　889毫米×1194毫米　1/16
印　張　78
版　次　2015年1月第1版
印　次　2015年1月第1次印刷
書　號　ISBN 978-7-5533-0607-0
定　價　2600.00元（全二册）

總序

南京，俗稱金陵，中國著名的四大古都之一，是國務院首批公佈的國家歷史文化名城。

南京有着六十萬年的人類活動史，近二千五百年的建城史，約四百五十年的建都史，享有『六朝古都』『十朝都會』的美譽。南京歷史的興衰起伏在某種程度上可以説是中國歷史的一個縮影。在中華民族光輝燦爛的歷史長河中，古聖先賢在南京創造了舉世矚目、富有特色的六朝文化、南唐文化、明文化和民國文化，爲中華民族文化的傳承和發展作出了不朽貢獻。然而，由於時代的遞遷、戰争的破壞以及自然的損毀等原因，歷史上南京的輝煌成就以物質文化形態留存下來的相對較少，見諸文獻典籍的則相對較多。南京文獻内涵廣博，卷帙浩繁，版本複雜。截至一九四九年中華人民共和國成立，南京文獻留存下來的有近萬種，在全國歷史文化名城中名列前茅。以六朝《世説新語》《文心雕龍》《昭明文選》，唐朝《建康實録》，宋朝《景定建康志》《六朝事迹編類》，元朝《至正金陵新志》，明朝《洪武京城圖志》《金陵古今圖考》《客座贅語》，清朝《康熙江寧府志》《白下瑣言》，民國《首都計劃》《首都志》《金陵古蹟圖考》等爲代表的南京地方文獻，不僅是南京文化的集中體現，也是中華民族優秀傳統文化的重要組成部分。這些南京文獻，積澱貯存了歷代南京人民的經驗和智慧，翔實地反映了南京地區的社會變遷，是研究南京乃至全國政治、經濟、軍事、文化、外交和民風民俗的重要資料。

歷史上的南京文化輝煌燦爛，各類圖書典籍琳琅滿目。迄今爲止，南京文獻曾經有過三次不同程度的整理。

第一次是距今六百多年前的明朝永樂年間，明朝中央政府在南京組織整理出版了《永樂大典》。《永樂大典》正文二萬二千八百七十七卷，凡例和目録六十卷，分裝成一萬一千零九十五册，總字數約三億七千萬字。書中保存了中國上自先秦、下迄明初的各種典籍資料達七八千種，是中國古代最大的類書。

第二次是民國年間，南京通志館編印了一套《南京文獻》。《南京文獻》每月一期，從一九四七年元月至一九四九年二月共刊行了二十六期，收入南京地方文獻六十七種，包括元明清到民國各個時期的著作，其中收録的部分民國文獻今天已經成爲絶版。

第三次是二〇〇六年以來，南京出版社選取部分南京珍貴文獻，整理出版了一套《南京稀見文獻叢刊》點校本，到二〇一三年初，已經出版了三十六册七十一種，時代上起六朝，下迄民國，在學術普及方面作出了一定的貢獻。

新中國成立六十年來，尤其是改革開放三十年來，南京的政治、經濟、文化建設飛速發展，但南京文獻的全面系統整理出版工作一直没有得到應有的重視，這與南京這座國家歷史文化名城的地位頗不相稱。據調查，目前有關南京的各類文獻主要保存在南京圖書館、南京市檔案館，以及全國各地的高等院校、科研院所、圖書館、檔案館、博物館，少數流散於民間和國外。一方面，廣大讀者要查閲這些收藏在全國各地的南京文獻殊爲不便；另一方面，許多珍貴的南京文獻隨着歲月的流逝而瀕臨損毁和失傳。南京文獻的存史、資治、教化、育人功能没有得到應有的發揮。

盛世修史（志）。在中華民族和平崛起和大力弘揚民族傳統文化、全力發展民族文化事業的大背景下，在建設『文化南京』的發展思路下，中共南京市委、南京市人民政府於二〇〇九年十二月作出決定，將南京有史以來的地方文獻進行全面系統的匯集、整理和影印出版，輯爲《金陵全書》（以下簡稱《全書》），以更好地搶救和保護鄉邦文獻，傳承民族文化，推動學術研究，促進南京文化建設；同時，也更爲有效地增加南京文獻存世途徑，提昇南京文獻地位，凸顯南京文獻價值。

爲編纂出能够代表當代最高學術水平和科技成就，又經得起時間檢驗的《全書》，我們將編纂工作分成三個階段進行。第一個階段爲調研階段，主要對南京現存文獻的種類、數量、保存現狀以及收藏地點等進行深入細緻的調研，召集專家學者多次進行學術論證和可操作性論證，撰寫出可行性調查報告，爲科學決策提供依據，此項工作主要由中共南京市委宣傳部和南京出版社組織完成。第二個階段爲啓動階段，以二〇〇九年十二月二十四日召開的『《金陵全書》編纂啓動工作會』爲標志，市委主要領導親自到會動員講話，市委宣傳部對《全書》的編纂出版工作作了明確部署。在廣泛徵求專家學者意見的基礎上，確定了《全書》的總體框架設計，確定了將《全書》列爲市委宣傳部每年要實施的重大文化工程，確定了主要參編責任單位和責任人，並分解了任務。第三個階段爲編纂出版階段，主要在全國範圍内進行資料的徵集、遴選和圖書的版式設計、複製、排版及印製工作。

爲了確保《全書》編纂出版工作的順利進行，中共南京市委、南京市人民政府成立了專門的編纂出版組織機構。其中編輯工作領導小組，由中共南京市委、市政府領導以及相關成員單位主要負責人組成；《全書》的編纂出版工作由市委宣傳部總牽頭；學術指導委員會，由蔣贊初、茅家琦、梁白泉等一批全國著名的專家學者組成，負責《全書》的學術審核和把關。

《全書》分爲方志、史料和檔案三大類。自二〇一〇年起，計劃每年出版四十册左右。鑒於《全書》的整理出版工作難度較大，周期較長，在具體操作中，我們採取了分工協作的方式。市委宣傳部和南京出版社負責《全書》的總體策劃，其中方志部分，主要由南京市地方志編纂委員會辦公室和南京出版傳媒集團·南京出版社共同承擔；史料部分，主要由南京圖書館承擔；檔案部分，主要由南京市檔案局（館）承擔。《全書》的編輯出版，得到了江蘇省文化廳、江蘇省新聞出版局、江蘇省檔案局（館）、南京大學、南京圖書館、南京市文廣新局、南京市社科聯（社科院）、南京市文聯、金陵圖書館以及各區委宣傳部和地方志辦公室等單位及社會各界的熱情鼓勵和大力支持，尤其是得到了中國國家圖書館和全國各地（包括港臺地區）高等院校、科研院所、圖書館、檔案館、博物館等藏書單位的鼎力相助，在此表示深深的謝意！

我們相信，在中共南京市委、南京市人民政府的長期不懈支持下，在各部門、各單位的積極配合和衆多專家學者的共同努力下，這項功在當代、利在千秋的傳世工程一定能够圓滿完成。

《金陵全書》編輯出版委員會

凡例

一、《金陵全書》（以下簡稱《全書》）收録的南京文獻，依内容分爲方志、史料和檔案三大類。

二、《全書》按上述三大類分爲甲、乙、丙三編，以不同的封面顔色加以區分；每編酌分細類，原則上以成書時代爲序分爲若幹册，依次編列序號。

三、《全書》收録南京文獻的範圍，以二〇一三年南京市所轄十一區，即玄武、秦淮、建鄴、鼓樓、浦口、六合、棲霞、雨花臺、江寧、溧水和高淳爲限。

四、《全書》收録的南京文獻，其成書年代的下限爲一九四九年。

五、《全書》收録方志和史料，盡量選用善本爲底本。《全書》收録的檔案以學術價值和實用價值較高爲原則，一般選用延續時間較長、相對比較完整的檔案全宗。

六、《全書》收録的南京文獻底本如有殘缺、漫漶不清等情况，必要時予以配補、抽换或修描，以保證全書完整清晰；稿本、鈔本、批校本的修改、批注文字等均保留原貌。

七、《全書》收録的南京文獻，每種均撰寫提要，置於該文獻前，以便讀者了解其作者生平、主要内容、學術文化價值、編纂過程、版本源流、底本採用等情況。

八、《全書》所收文獻篇幅較大時，分爲序號相連的若幹册；篇幅較小的文獻，則將數種合編爲一册。

九、《全書》統一版式設計，大部分文獻原大影印；對於少數原版面過大或過小的文獻，適當進行縮小或放大處理，並加以説明。

十、《全書》各册除保留文獻原有頁碼外，均新編頁碼，每册頁碼自爲起訖。

總目録

嘉靖高淳縣志……〇〇一
順治高淳縣志（一）……一九三

金陵全書

甲編・方志類・縣志

嘉靖高淳縣志

（明）劉啓東 修
（明）賈宗魯 纂

南京出版社
南京出版傳媒集團

提要

《嘉靖高淳縣志》四卷，明劉啟東修，賈宗魯纂。

劉啟東，字伯陽，河南羅山縣（今屬河南省信陽市）人，曾任戶部給事中，於明嘉靖二年（一五二三）始任高淳知縣。劉啟東才思精敏，善經畫，是高淳縣歷史上鮮見的勤政務實、政績卓著的良吏。

賈宗魯，山東嶧縣（今屬山東省棗莊市）人，監生，嘉靖二年（一五二三）任高淳縣儒學教諭。

高淳本屬溧水縣，於明弘治四年（一四九一）割溧水西南七鄉，即鎮為縣。正德甲戌（一五一四），知縣頓銳嘗考邑之故實而創志立傳，因采摭舊牘成編，一時咨詢未周，或考核未精，因而有違其實，為讀者所病。嘉靖二年（一五二三）夏，劉啟東來知縣事，閱舊志，見內多闕遺而未遑重輯。越三載而政成，屬教諭賈宗魯操筆編纂。

該志卷首為《重修高淳縣志序》（邢珣作）、《高淳縣志序》（頓銳作）、《重刻高淳縣志題詞》（陸隅作）以及《高淳縣志圖》《修志名氏》《修志凡例》《重修高淳縣志目錄》。卷一建置、分野、縣名、疆域、形勝、氣候、風俗、山川、坊鄉、物產、賦課、戶口、城池、兵防、孳牧；卷二公署、學校、秩官、選舉、人物；卷三壇祠、恤典、古跡、陵墓；卷四藝文、外志、災異。卷末列賈宗魯作《高淳縣志後序》。

《嘉靖高淳縣志》為現存最早的高淳縣志，是高淳縣史上繼明正德九年（一五一四）知縣頓銳所修的第一部縣志後編修的第二部縣志。該志體例悉仿大明一統志，分為二十七個門類，而『體裁條格，悉自規畫』。時巡撫廬陵（今江西吉安）陳靜齋，下令征集下屬郡縣志書。賈宗魯等參考舊志，填漏補缺，摭以新聞，充實其時新事新說，三閱月而編成新志。書中保存了大量高淳縣珍貴史料，但其中《貢賦》《官職》《選舉》等項有脫漏，或失之疏略。

《嘉靖高淳縣志》纂修完成後，於嘉靖四十一年（一五六二）重刻一次。上海古籍書店於一九六三年和一九八一年兩次據寧波天一閣藏明嘉靖刻本影印，其中上海古籍書店一九六三年版高淳區檔案館有藏。《金陵全書》此次以寧波天一閣藏明嘉靖五年修四十一年重刻本為底本原大影印出版。

陳丹鳳

重脩高淳縣誌序

高淳爲縣二十有三年適正德甲戌知縣頓侯銳甞攷邑之故而創志以傳可謂得爲政之要矣第縣自浮水劃立志攈舊牘成編一時咨詢未周而或泥於畧攷覈未精而或浮其實故讀

者病焉剏歲移物改而繼治者不乏是以制作寖備非復創始之陋民俗歸淳灕滌難治之名不有纂輯後將何徵哉嘉靖癸未夏羅山劉侯啓東來知縣事身先率物百廢具舉間閲舊志内多闕遺未遑重輯越三載而

政成乃屬教諭賈君宗魯操筆
削之任而體裁條格悉自規畫
時
巡撫盧陵靜齋陳公令下合屬各
以志上於是朝夕從事鉛槧參
攷舊志摭以新聞三閱月而志
成將圖壽梓屬予贅一言于首

受而讀之維是志脩輯本末貫君序之詳矣復何言哉然意不可遠敘曰九丘禹貢志祖也後莫備于成周曰圖曰籍曰志記同一紀事而爲安擾邦國之本當時總於大司徒大司馬如外史小史職方諸氏則專職也其

自周知名物貫利云云所以辨壤定賦因俗示教與凡制職布象之跡系因之而舉故好古君子毋事輒曰徵傳記按圖籍毋自用焉是豈無所見耶況邑志之登載周禮所謂名物貫利者具備且寓春秋勸懲之法柰何

令之從政者唯汲汲於期會簿書間若志焉者槩眎爲文具漫不加意嗚呼治不古若有由然哉劉侯斯舉非獨俾一邑文獻足徵其於春秋勸懲之法焯乎在人耳目有功於高淳豈小補哉予不佞僭書首簡亦幸托名

于不朽云

賜進士出身大中大夫江西布政使

司右叅政論功

欽陞左布政使致仕當塗三湖居士

邢珣書

高淳縣誌序　四

高淳縣誌序

古者列國皆有史官掌記時事晉之乘楚之檮杌魯之春秋漢班馬之史記漢書以至代之書史是也今之有誌即古史之餘

國朝

英宗睿皇帝嚮明聽治之暇命文臣

纂作一統誌以刊行海內先耶
郡邑誌以備采錄況仕于是者
非誌則無以考俗而求治生于
是者非誌則無以仰止而進脩
誌之關係大矣余以癸酉春出
知高淳溢學謁
廟閒深惟宦遊一方不可不知民

俗之習尚賢喆之風教名宦之政績以爲化民成俗之助因首詢從邁諸生欲得圖誌而觀之僉謂茲邑之建前二十餘禩未有能脩之者余喟然嘆曰后世之郡邑得專社稷山川之祭有政教法令之施儼古諸侯之國

固不宜無所紀述而高淳爲
京畿屬縣尤非他邑比諸生國進
而請曰此誠高淳之缺典願執
事公[illegible][illegible]以脩而輯之豈非茲
邑之大幸乎余惟曾南豐氏謂
古之良史者其明必足以周天
下之理其道必足以適天下之

用其智必足以通難知之意其文必足以發難顯之情然後其任可得而稱也顧余承學曷敢任此諸生請曰纂邑誌所以備采錄也脫令回讓弗任厥事則前無所稽後亦奚自而傳哉遂不揆蕪陋采衆說摭遺事綱列

條分彙成今帙第媿才非克洽
學廢三餘不能無掛一漏萬之
譏豈詳文該事之義哉諸生又
呂余忝縣郵謂當序諸首簡故
因以終始纂脩之由筆其槩而
鋟梓焉若夫采取有未詳登載
有未悉後當有博雅君子毅然

以筆削爲己任倣漢史之法損益舊典爲一邑成書者此固今日纂脩之志也

正德九年歲次甲戌仲秋上浣

賜進士第文林郎知高淳縣事承州

頓鋭攸養謹序

盖聞高淳縣志題詞

高淳縣自分縣以來事志久

君子雅信□自□修爲淳縣

總括爲摩□求開馬淳縣

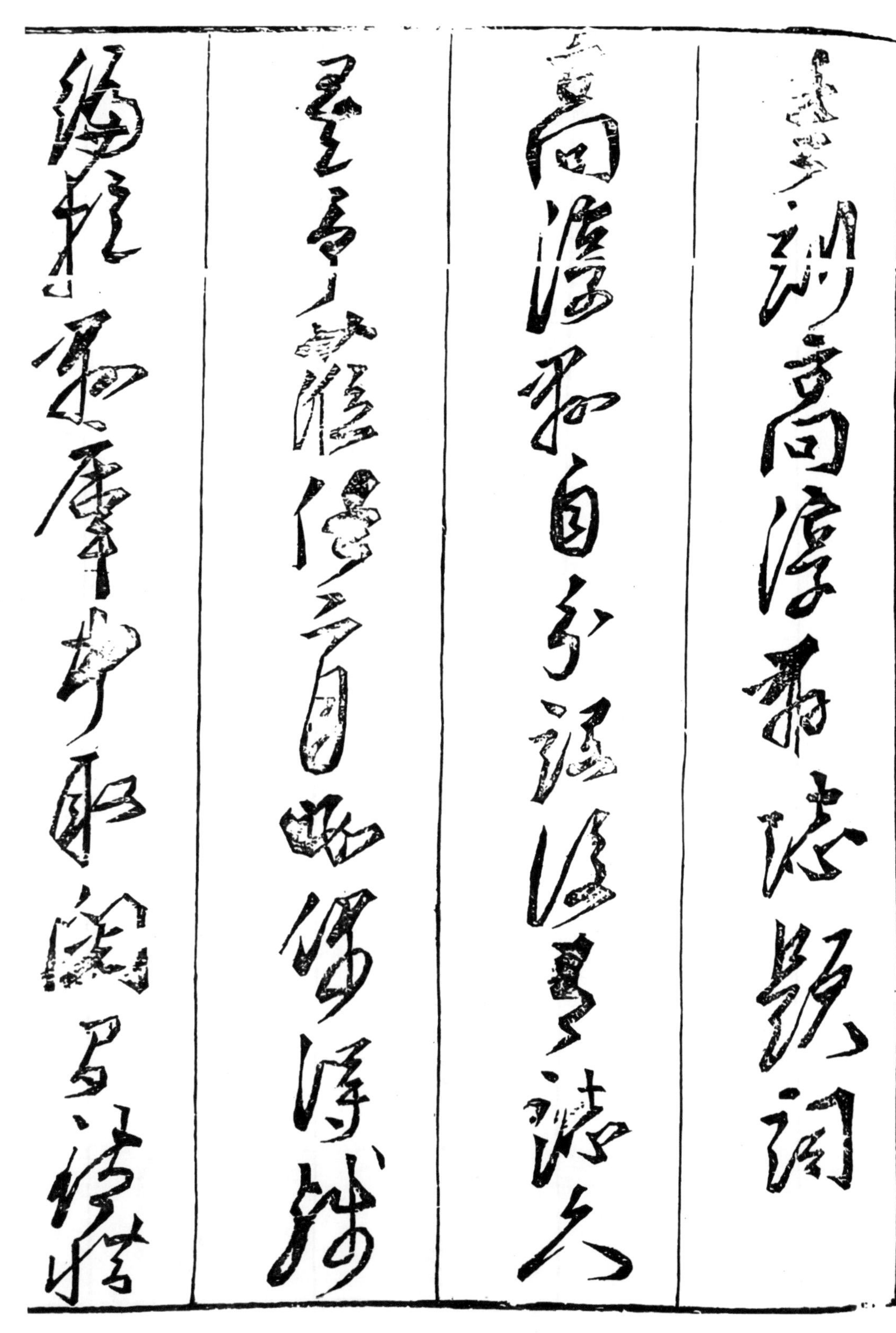

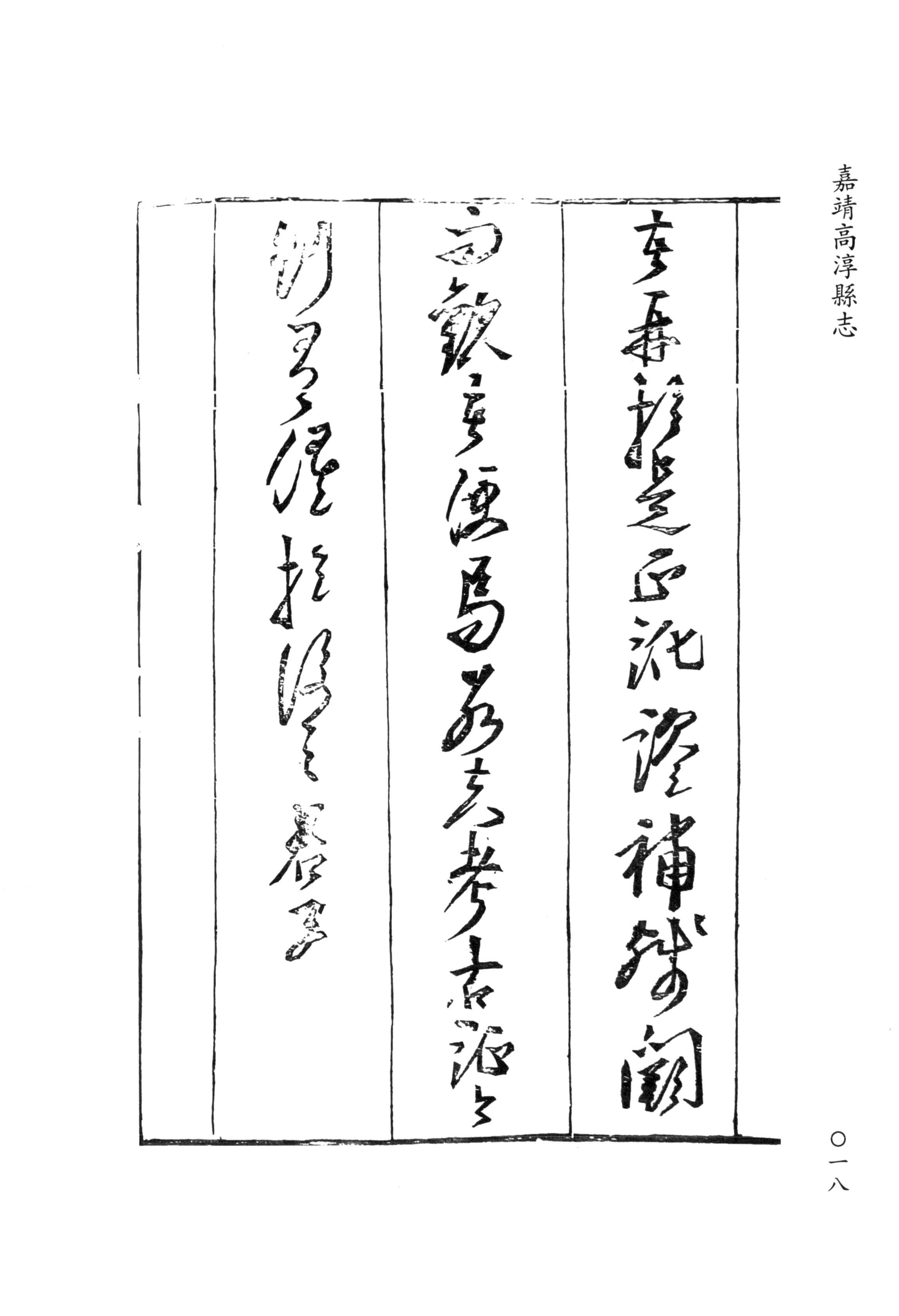

[illegible]

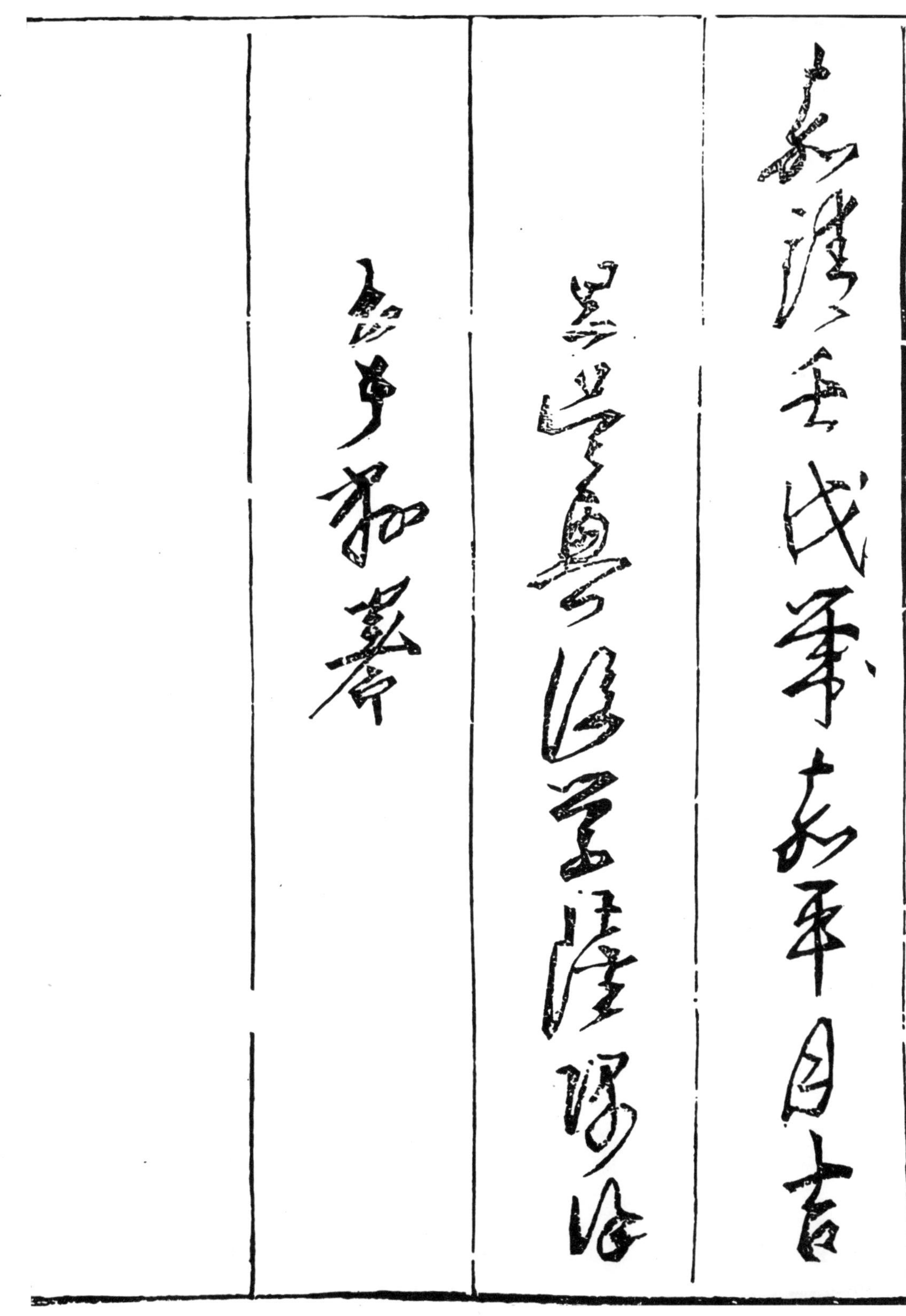
嘉靖壬戌季春月吉

高淳縣志圖

高淳縣志　圖　一

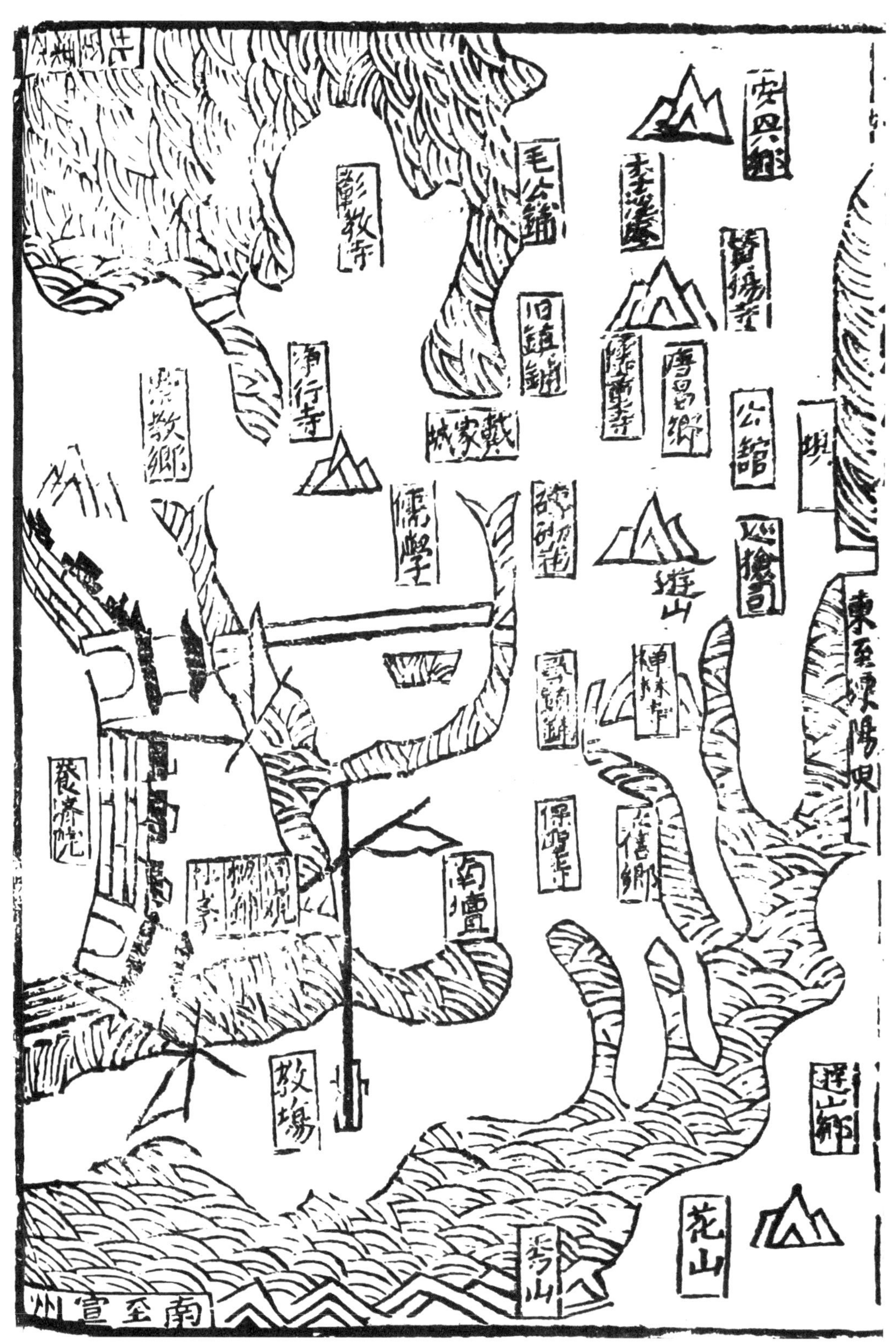
安興鄉
毛公鋪
彰教寺
淨行寺
旧鎮鋪
戴家城
公館
巡檢司
儒學
遊山
東至溧陽界
南壇
教場
花山
遊山鄉
南至宣州

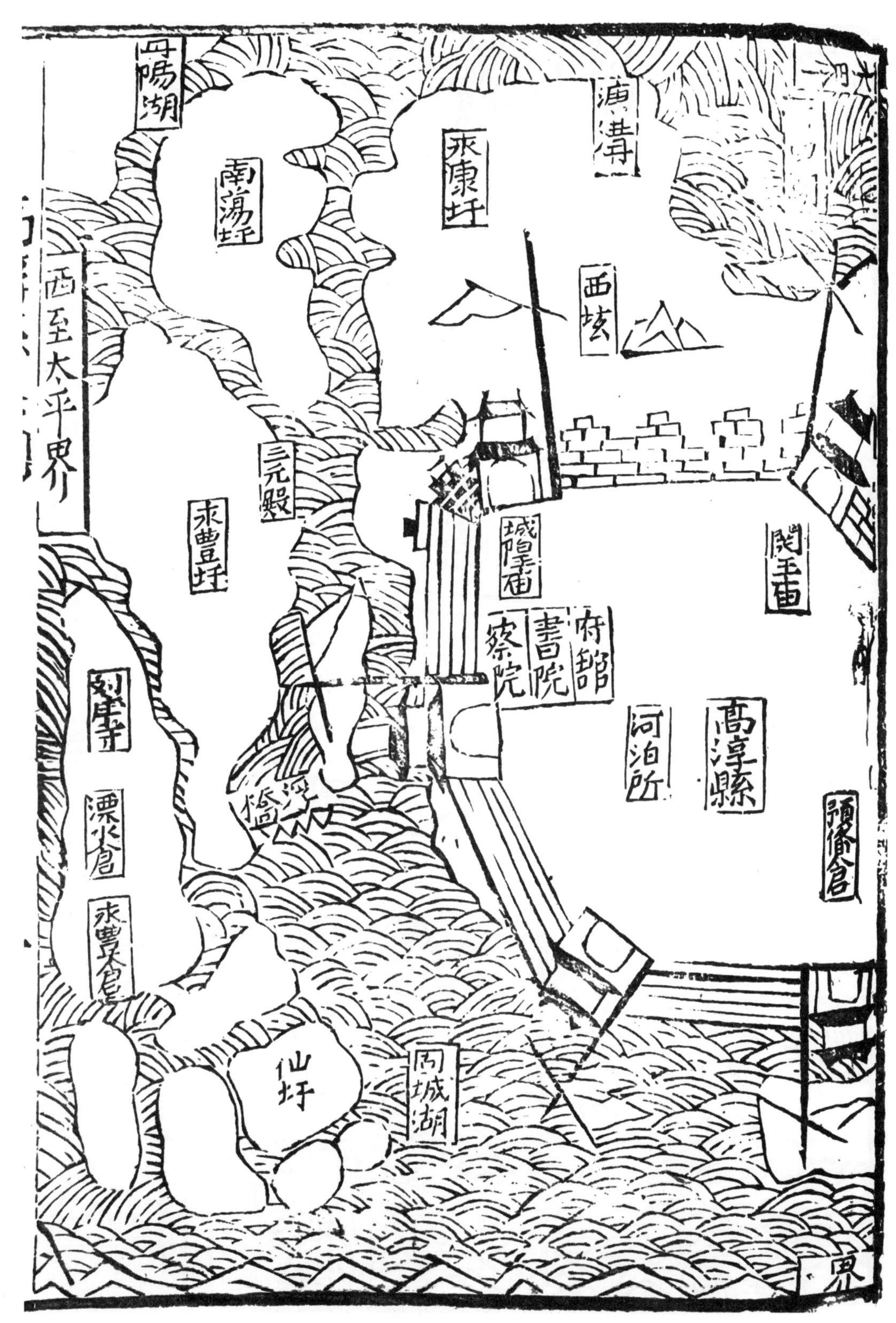
丹陽湖
南蕩圩
永康圩
西至太平界
西城
三元殿
永豐圩
城隍廟
府館
書院
察院
關王廟
高淳縣
河泊所
浮橋
劉星寺
溧水倉
永豐倉
預備倉
仙圩
固城湖
界

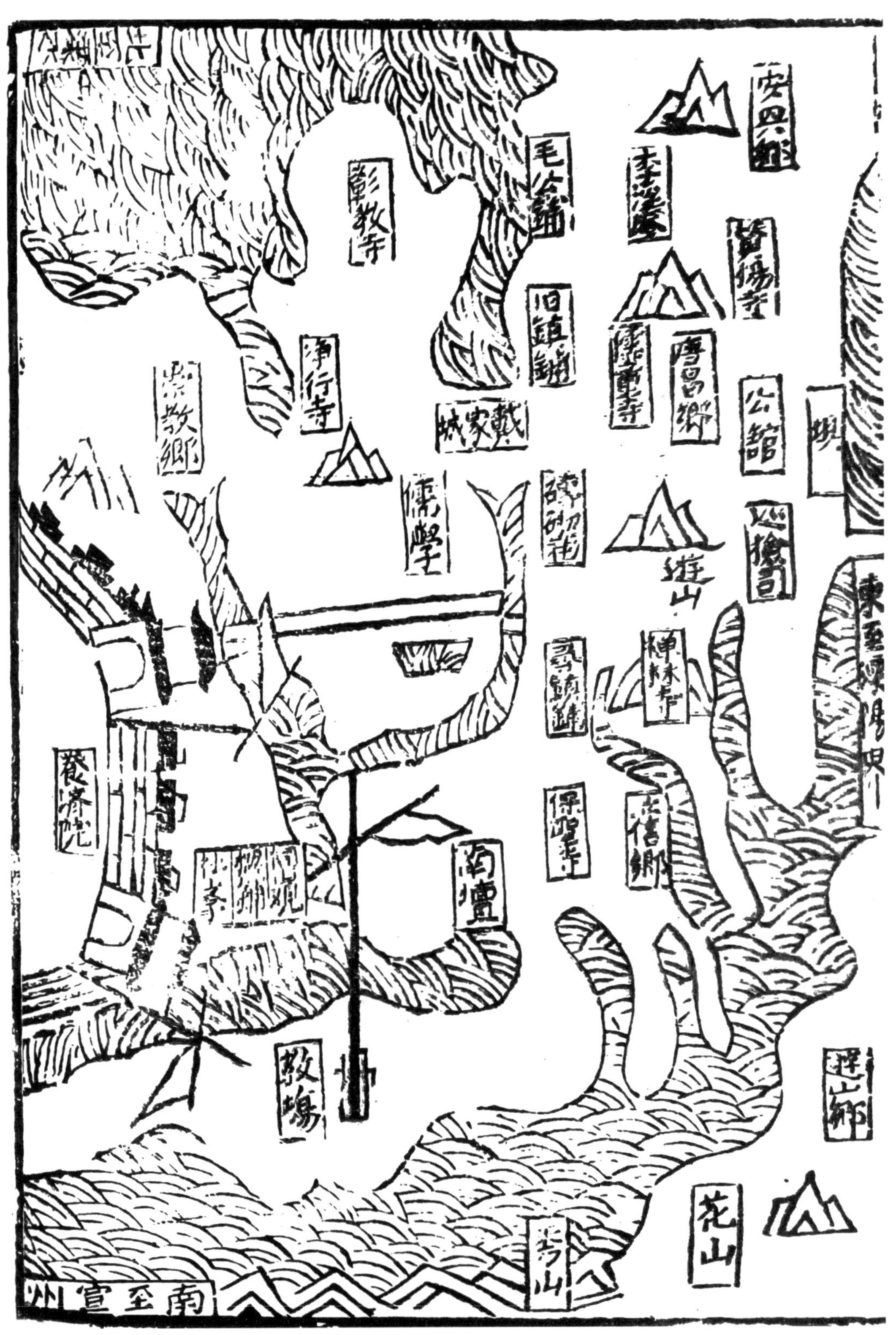
安興鄉
毛公鋪
彰教寺
淨行寺
舊鎮鋪
戴家城
崇教鄉
儒學
公館
巡檢司
遊山
東至溧陽界
南壇
養濟院
教場
保聖寺
立信鄉
浮山鄉
花山
南至宣州

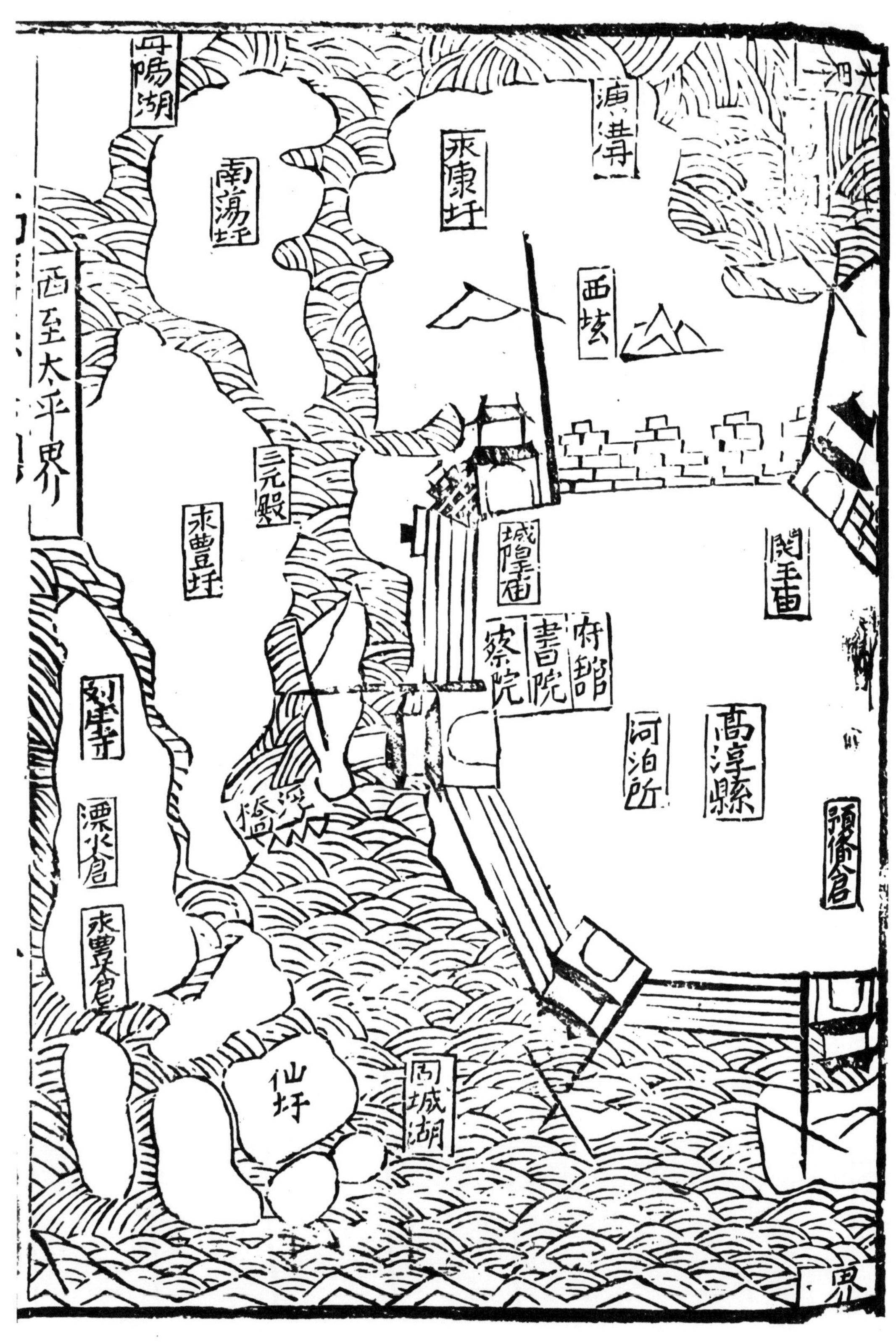
丹陽湖
南蕩圩
永康圩
西至太平界
三元殿
永豐圩
城隍廟
府館
書院
察院
關王廟
河泊所
高淳縣
預備倉
永豐倉
仙圩
固城湖
界

高淳縣志圖　終

脩志名氏

高淳縣知縣劉啓東

儒學教諭曹宗魯

俞槩

采訪事蹟儒學訓導

吴期暢

生員朱玥

周卿

諸陞

夏寧

脩志凡例

一舊志草創甚難中間未免鈌畧失次今重加訂補其不可考或考之未精者仍闕焉

一是志體製悉倣
大明一統志有增而無損其當續者各從類纂入

一疆域分野山川等類分自溧水屬本縣經制者照舊志備書餘有未備者悉增

入不復識別

一境内山川不能悉書惟書其大者

一土産無益於用者不載

一户口貢賦本於溧水分屬者具載不遺自設縣迄今有登耗厚薄之異亦備録焉

一城垣公署學校津梁等類續有興創者備書視舊志加詳

一選舉人物係本縣地里産毓者覈實備

書不敢妄有假取及私意予奪者

一名宦人物書其已歿者其見存雖有異績者法不得書惟紀名氏以俟

一孝節曾經褒旌者固在所録或有不幸未及上聞而死及數報未下者其堅操苦節足爲世勸今愼擇一二附書

一流寓方技無考不書

一藝文采輯甚雜唯取其識創建紀遊歷

有關邑致者書之餘竢續者外教碑碣
不載

一寺觀雜祠舊有定額者入外志其仙佛
詭異之説惑世誣民者悉黜不書

一志志一邑之事中間猶有采訪未盡考
校未精者冀後同志君子補之正之

重脩高淳縣志目録

一卷

建置　分野　縣名

疆域附至到　形勝　氣候

風俗　山川附井泉　坊鄉附圩埠　鎮市津梁

物產　賦課附歲辦徭役　戶口

城池　其防　孳牧附馬場

二卷

公署附[illegible]亭[illegible]室　宮　學校社學書院坊牌　選舉進士舉人歲貢例貢

薦辟掾吏（武飲附）　秩官（名宦附）　人物（孝隱逸 義民附）

三卷

壇祠（城隍廟鄉賢 名宦祠附）　祀典　古蹟

陵墓

四卷

藝文　外志　災異

縣志目錄終

高淳縣志卷一

建置

天下事必有始終詳其始則終可得考其故矣況作邑重事乎高淳即鎮創始爲縣而久遠之規寓焉故首志建置

高淳本溧水鄉鎮古禹貢揚州之域弘治辛亥應天府丞冀綺以地遠民難牽制奏請割西南七鄉即鎮爲縣仍屬應天府按溧水縣志春秋屬吴吴滅屬越越滅屬楚秦滅楚置溧陽縣屬鄣郡漢屬丹陽郡隋開皇十

三年析置溧水縣屬蔣州尋併溧陽入焉

唐武德初改屬揚州又析置溧陽屬宣州

五代屬建康宋因之元元貞元年陞爲州

本朝復改爲縣此高淳所本云

分野

周禮保章氏以星土辨九州之地凡封域皆有分星以觀妖祥今縣治既設疆域已定當有分星爲儆變者助故志分野

本縣分自溧水在本府南境

本朝一統志云禹貢揚州之域天文斗分野

按此則本縣以斗為分星按星紀之次諸家之說不一周禮註疏揚州屬攉漢志斗十一度至婺女七度費直分斗十度至女五度於辰在丑晉志自南斗十二度至須女七度唐志自南斗十四度終女四度元志自斗四度三十六分六十秒外入吳越分大星紀丑位也而揚州應之揚豈丑隅之地耶費公彥以吳越受封之日歲星所在之辰為其分鄭夾漈以吳越之封主斗牛女三星之祀為其分唐一行謂東井為天漢所始擬百川上流下應秦蜀為兩戒山河之首尾箕為天漢末派而燕冀為北之終故析木為燕分星紀日位得天漢下流而吳越當淮海間為南紀之終故為吳越之分蘇伯衡謂一行、言雖遠大肴三垣天市下吧列国星宿、焉曰分野者指列星所屬之分而言初、謂地也似為得之故雜以備

參考

縣名

郡必有邑，邑必有名。本縣古鎮也。弘治壬子，本府欲析置爲縣，擬名淳化，奏奉欽定高淳，故茲表之，遵志例也。

高淳舊鎮名

疆域附至到

禹敷九土，職方辨九服，秦置郡縣，而疆域不相踰，可謂[illegible]矣。剏茲縣，劃立有限

邦故志

疆域

本縣東西廣一百五十里南北袤九十里
東至溧水縣儀鳳鄉戲墩界四十里西至太
平府當塗縣丹陽湖界三十五里南至廣德州
建平縣蓮花池界七十里北至本府江寧縣
界一百五十里東到溧水縣水路一百四十里陸路一百二十里西
到當塗縣水路一百十里南到建平縣水路一百里陸
路一百二十里北到江寧縣水路二百四十里東南到溧
陽縣水路一百七十里東北到

南京水路二百八十里陸路二百四十里西南到宣城縣水路一百二十里陸路一百二十里西北到京師水路三千七百四十五里陸路二千六百六十五里

形勝

先王經理天下分封列國必據要害之地以為固此形勝所以為尚也斯邑所據亦控山瀕水之區故志形勝

地形夷曠山少水多　荆山拱其前臙山擁其後　丹陽石臼固城環繞其左右龍潭

春漲○丹陽秋月○東壩晴嵐○固城烟雨○石臼漁歌○花山樵唱○保聖晨鐘官河泊此知縣頃鋭擬八景

氣候

四時氣候始於周公時訓而不常取為月令其應驗切于日用使人知調攝之道焉故志氣候

本縣地控三湖高阜少而沮洳多其為氣候每歲春三月多雨少晴寒暄更互夏四月梅雨蒸濕寒暑衣服互著端午後方可

御絺綌六月酷暑秋初未解人多露袒白露後天氣漸凉九月未霜猶有微熱三冬無雪間有和暖如春若雨雪連綿寒氣栗烈則三湖皆冰矣此四時之氣候大槩如此

風俗

記云廣谷大川異制民生其間異俗然而俗隨時高下吾司馬氏謂善惡繫於習習則有守矣故志風俗

男耕女織不脩末務○春秋祈報有典禮朋饋送有章○用力尚氣以財勢相雄長挾數健訟以法律爲詩書○冠昏喪祭未能盡如古禮○俱舊志○昏姻論閥閱市井無藉悍○富家頗知禮度貧民恥於匄乞○學政聿新士風漸盛○無逋賦無囂訟老稚不敢懷詐暴憎鬭闗寖成款本儉朴之俗致仕左布政邢珣學記

山川

禹貢因山川以別九州尚矣然阜財用以給民生而繫尤重焉古之長民者不隳山不崇藪不防川不竇澤豈無故哉故志山川

山

鎮山高淳古鎮山山因以名其勢自石臼湖南邐迤而來至縣聚於縣治在焉

學山縣東一里儒學在焉

馬鞍山縣東二十里

鳳棲山縣東二十五里石臼湖濱舊傳有鳳凰棲于其上故名

横山縣東三十里

大游山縣東三十七里

遊子山縣東四十里山有石壇舊傳孔子適

楚經此

遮軍山縣東五十里山北有水入固城湖

城門山縣東五十里

大山縣東六十里

荊山縣東六十里舊志云即古和得玉處按和泣玉荊山下其山在荊州非此地

臘山縣北三十里西並石臼湖俗名拉山

禪林山縣東南二十五里上有寺名禪林

秀山縣東南三十里

舊傳有仙過此以鞭畫路形如之字四面皆應今四之字見存山有松伐而復生亦異驗云

花山縣東南六十里

花犇岡縣西北五里

東龍岡縣東二十里

任墓岡縣東二十里

竹墩岡縣東五十五里

朴樹岡縣

嚴家岡縣東

牛莊岡縣東五十五里

鄭錢岡縣

孫家岡縣東

里　尖墩岡縣東六十里　走馬岡縣東六十里　錢塘岡縣東六十里　桃花岡縣東南十五里上有土墩九十九座在焉

川

丹陽湖縣西南三十里周迴一百九十餘里中流与當塗縣分界東達石臼湖固城湖其源有三一出徽州府黟縣者為舒泉一出廣德州白石山者為桐水一出溧水縣東廬山者為吳漕水三湖匯合其流分二派一西出蕪湖一北出當塗姑孰溪俱入江舊志云杜預註宣城廣德縣西南有桐水出白石山入丹陽湖盖指其一源耳唐李白遊咏有詩見後藝文志　石臼湖縣西二十里縱五十餘里横四十餘里西連丹陽湖中流本縣与當塗溧水三分為界其東廬山一源由此以

入丹陽湖東北出於溧水胭脂岡

本朝洪武初年開爲河導湖水會秦淮河入

丁江以便蘇常松浙糧運北上南京今淤淺

夏秋水盛可通小舟**固城湖**縣西南五里縱二十五里横三十里北通石臼

丹陽二湖中流本縣與當塗并寧國府宣

城縣爲界其源詳見丹陽湖下游東有廣

通鎮壩埧外昔有河築五堰設閘啓閉導

湖水由常州宜興縣入太湖後因蘇常水

患乃以石窒五堰

液鐵以錮石

本朝洪武二十五年復疏通河以便蘇常松

浙糧運永樂元年因蘇常水患築埧設官

管理湖水不復入

太湖有碑記可考**龍潭灣**縣西三十里**月潭灣**

縣西十里**官溪河**縣西五里**横溪**縣東五十里**花溪**縣西南二

十里

煉溪縣西北二十里　蘆溪縣西北十里　京溪縣南二十五里

王母澗縣東南五十里　牛臼港縣南二十里　於家港縣南五十里

陂塘

烏龜塘縣南五十里　梅塘縣東七十里　曹塘縣南三十五里　魏塘縣東六十里　南塘縣東七里　下塘縣東一十五里

蓮花池縣南五十里　鶴飛塘縣東六十里　大斧塘縣東六十里　楊家塘縣東五十里　蜈蚣塘縣東五十里　花

陌漕縣南三十里　張家塘縣南三十里

井

澄清井在察院嘉靖四年知縣劉啓東鑿大成泉井縣學東齋南嘉靖四年知縣劉啓東鑿縣井三一在主簿衙一在吏舍一在牢獄上所井牛兒港河湘所王村井縣西百步薛城井縣西十里楊村井縣西十二里孔家井縣東三十里史家井縣南二十里劉家井縣東三十里沛橋井縣東南三十五里磚砌甬井縣南三十里五顯廟井縣東四十里松兒舖井縣東六十里以上三井嘉靖四年俱知縣劉啓東鑿

坊鄉市鎮津橋圩埧附

邑有坊鄉所以區別齊民而為聚廬托

處之地莫通有無以相濟受田宅以相安亦在是焉故志坊鄉

宣化坊縣前　宣化街同上　崇仁街縣東　正義街縣西

永寧街縣南　阜民街縣北　通賢街學門右　育英街學門左　張家巷縣西　廣通鎮縣東南五十里洪武二十年建設石閘一座以通漕運永樂元年蘇松民人吴椿五奏蒙委官踏勘將石閘改築土壩一座溧陽縣僉夫四十名溧水縣僉夫四十名看守爲定制

欽降板榜如有走泄水利渰没蘇松田禾壩官處斬壩夫充軍

南塘市縣南十里　湖橋市縣東十里　三銀林市縣南五十

田八

固城市（縣南三十里）　東壩市（縣東十里）　大戴家城市（縣東三十里）　蘆溪市（縣西十里）

崇教鄉二都（縣東北十里）

前湖里　薛城里　永康里　清化里

南塘里　汶村里　汶溪里　高夏村

天由村　魏塘村　東岡村　小孫村

西楊村　長蘆埂　王村保　井村保

唐家保　花鞋徑　下塘保

立信鄉二都（縣東南二十里）

寺後里　許東里　和城村　檀子村
包頭村　滕揚村　李韓村　姜陶村
祁郭村　南許保　前塘保　張家保
南保　南許乾保　後保　衛村保
石臼社　東岡　前楊社　駝頭社
馬杌村

遊山鄉三都縣南三十里

南亭里　東史里　祠成村　界虛村
後埠村　分路牌村　周家村　舊鎮村

西馬村　沽橋村　湯成村　後高村

固城村　花山村　横路村　甘東村

楊塘村　丁村保　亭子村　路西保

談家保　全村保　安福保　永成保

章村保

安興鄉二都縣東五十里

豐樂村　李溪里　荆塘里　邏墅村

塔溪村　東史村　樓下村　高藍村

上塔村　横溪村　淤野村　湯家村

泥馬村　陳村　南家保　時橋保

劉家保　呂村　南城保　胡家保

朱堽保　董村保　宋村　湯橋保

唐昌鄉四都縣南五十里

水南村　水北里　西舍村　後高村

許村　梅塘村　談村　舍堽村

韓城村　觀村　東凌村　花樹村

窰埠村　壇店村　強村　萬善村

千墩村　芊城村　葉橋村　周村

西石村　上儀村　北堤保　新河保
橋村　馬社保　東岳社　長岡
趙村
永寧鄉二都縣西十五里
新安里　水上村　登雲里　周吴村
茅城湾　宋家湾　牛兒港　塗泥坊
上官塲　徐家湾　凌家埰　小五莊
仙人莊　劉家埰
永豐圩亦鄉也縣西十里

東一莊　東二莊　東三莊　西三莊

西四莊　南二莊　東三南莊　南三莊

新一莊　中一莊　中二莊　北一莊

津梁

高淳渡縣南隅　固城渡縣南三十里　陳家渡縣南四十里　侯吳渡縣南二十里　孔師渡縣西十里　犁耙渡縣西二十五里　雙橋渡縣西十里　諸家渡縣東三十里　談家渡縣東三十里　集賢橋縣西儒學門右正德十二年主簿清重建石橋　育英橋學門左嘉靖伍年知縣劉啓東重建　興仁

橋縣東正義橋縣西東新橋縣東西新橋縣西以上四橋俱石砌浮橋縣西自東新以下三橋俱知縣劉啟東䦨新剏造財出於勸不以文費於公帑工出於募不徵調於民大家徃來無病涉焉石橋縣西十里大葑橋縣東北十里仙人橋縣南十五里諸家橋縣東二十里張沛橋縣東三十五里漆橋縣東南三十里今廢[illegible]橋縣東南四十里水逼橋縣南三十里近宣城縣界驛橋縣東廣通鎮下埧

圩埠

崇教鄉二十圩

永康　太辛　荆綴　永祿

珎珠　小辛　右辛　大安

永安　沙圩　太平　長壽

門陡　義豐　東圩　大豐

安福　西舍　永興　西豐

立信鄉　圩二十

永熟　趙家　楊家　侯五

汪財　長城　天保　化城

議成　道士　趙倩　許家

史家　塘倩　永堅　永中
永南　永北　馬成　楊徐
羊毛
遊山鄉四十二圩
梅忠　陳家　平家　橋南
保圩　倉前　秀山　北家
保成　周家　湯家　朱家
前村　巫山　陸家　史興
保安　德成　路西　新圩

浮山　義成　宋家　唐家

孫塘　天保　侯埠　錢村

周堽　新興　葉家　王家

馬家　楚城　石城　諸家

白路　陳莫　城留　寶圩

雙埠　史家

唐昌鄉一十八圩

石井　穤稻　骨頭　木竹

徐溪　韓城　周家　楊家

東鄰　神仙　黃家　稠林

橋頭　搶石　曹家　尚出

草塔　瀨洒

永寧鄉一十八圩

相國　保聖　隆興　芦埠

秦家　馬家　仙人　淳安

戴家　長安　劉家　永豐

保順　奉仙　尖刀　和尚

天保　年興

物產

土地所產物類異宜周禮所謂動物宜毛宜鱗植物宜阜宜膏是已辨土宜以制貢因五物以施教豈非司牧之責哉故志物產

穀屬 稻有早晚白數種 烏秈早晚二種 穤早晚二種 麥大小 蕎 豆黃黑菉赤豌數種 芝蔴

蔬屬 菘 芥 葱 韭 蒜 茄 莧 芹 竹笋 茭笋 瓜王冬筲絲數種 春不老

蘿蔔　苦蕒　胡荽　葫芦　匾豆　荇

果屬　茪　莓　杏　蓮　藕　菱　芡

石榴　櫻桃

竹屬　筀　水　紫

木屬　松　栢　榆　槐　桑　柳　椿

楓　檀

藥屬　車前子　覆盆子　吴茱萸　益

毋草　香薷　蛇床子　枸杞子　蒼

术　五加皮　瓜蔞仁　天花粉　麥門

冬　香附子　金銀花藤　白扁豆　百
合　天南星　良姜

禽屬　雞　鵝　鴨　雉　鴈　鳧　鷓
鷺

獸屬　牛水黄　馬　驢　騾　豬　羊　貓
犬　獐　兎

蟲屬　蠶　蜜蜂

魚屬　鯉　鯽　鮎　鱖　鰱　鱵　鯿
鱔　鰍　鯇　鰻　蟹　螺　鱉　蜆

蚌

貨屬　紬　絹　絲綾　布綿苧麻　麻苧火　油

菜蔬　綿花

賦課歲辦徭役附

禹貢庚土交正厎愼財賦周九賦又有出於穀粟兵車之外者皆民之職業而國用之所資也故志賦課

田賦

本縣官民田地山塘

官田貳千玖拾肆頃肆拾捌畝壹分伍釐

官地肆百壹拾壹頃壹拾壹畝捌分捌釐

民田叁千叁百肆頃伍拾肆畝貳分貳釐

民地陸百貳拾頃肆拾肆畝玖分肆釐

民山玖百玖拾頃玖拾肆畝貳分貳釐

民塘叁百柒頃玖拾陸畝叁分

官山貳百伍拾捌頃玖拾畝陸分柒釐

官塘壹百貳拾捌頃柒拾壹畝柒分玖釐

夏稅麥正耗壹千壹百捌石柒斗叁升叁合

秋糧二萬玖千捌百柒拾陸石柒斗叁升五合捌勺

勘米陸千陸百壹拾伍石肆斗玖升伍合壹勺

馬草肆萬捌百叁拾叁包伍斤肆兩捌錢伍分

絲綿荒絲壹百叁拾貳斤拾貳兩肆錢貳分陸厘綿壹百叁拾斤壹拾兩貳錢壹厘絲貳斤貳兩貳錢貳分伍厘

按溧水志洪武乙丑

高祖以應天府屬縣繁興王之地欽奉

恩例民田稅糧全免官田減半徵收迄今奉

例如昔至宣德間民田每畝役憲臣議徵

馬草壹斤又成化間從憲臣議每畝徵
勸米貳升已寝失
高祖恤民之意科徵者幸毋此外復崇長之
也本縣分自溧水其優免徵勸同一体
云

課程

原額門攤商稅酒醋鈔貳萬貫門攤商稅本
色鈔八千三百五十五貫折色鈔八千三百五十五貫酒醋鈔
本色一千六百四十五貫折色一千六百四十五貫

按舊志溧水縣拜三湖許家埠牛兒港新溝葛家埠四河泊所永樂十年採貢野味翎毛皮張黃白麻魚鰾等物歲辦無常數至弘治伍年本縣分設歲辦有常數焉

許家埠河泊所折色黃麻二千五十九斤四兩白麻一千五百四十三斤翎毛三萬八千二百一十根折銀一十一兩肆錢六分三厘魚鰾脚一百一十二斤折銀二兩二糸四分

牛兒港河泊所本色黃麻三千五百七十三斤二兩八錢三分白麻二千六百七十九斤一十四兩一錢六分翎毛

三萬八千三百八十一根

歲辦四十四里

黃蠟二百斤　白蠟三十斤　類草二百斤　蒲杖草二百斤

徭役

本縣民米一萬九千八百四十六石三斗九升五合編二百八十三差

上差一十四差四十七名

長安門倉脚三名　南京光祿寺養羊戶二名　南京兵部額設皂隸七名　南京

戶部塩倉秤庫二名　南京光祿寺庫子一名　江東驛館夫一名　龍江水馬驛館夫二名　江寧驛館夫一名　大勝驛館夫一名　宣課司巡欄四名　都稅司巡欄六名　縣學齋夫六名（今改四名）膳夫六名（今改二名）　本縣額設皂隸一十一名

中差（二十差一百七十名）

南京鰣魚廠門子一名　本府直堂弓兵十名　本府挑冊夫三名　本府門子一

名　本府儒學門子一名　神樂觀膳夫
二名　南京通政司鋪兵二名　本府司
獄司禁子一名　清軍衙門皁隸二名
本縣預備倉斗級十名　本縣永豐倉斗
級四名　廣通鎮巡欄二名　龍江關庫
秤一名　本縣直堂皁隸一十五名　本
縣急遞鋪十處共司兵六拾名　本縣
直堂弓兵十名　後湖守冊夫十名　本
府府前鋪兵二名

下差一十六差六十四名
本縣門子二名　本縣看監禁子八名
庫子四名　本縣俸給倉斗級六名　本
縣接遞船夫六名　本縣各官馬夫五名
本縣儒學庫子二名　斗級二名　門
子三名　府館門子二名　察院門二四
名　稅課局巡攔八名　高淳渡夫二名
廣通鎮壩夫十名　廣通鎮公館門子
二名　山川社稷壇夫二名

鹽糧

戶口食鹽三千三百六十六口

戶口

民數者庶事所自出也今之制以戶口之登耗課有司之殿最則安养保息之恩其可不加之意哉故志戶口

本縣分自溧水按弘治十五年黃冊

戶一萬二千五百一十五　口六萬七千四百六十三　男子四萬六千二百一十八　婦女二萬一千二百四十五

正德十六年黄冊

戶一萬二千五百一十五　口六萬七千四百六十三　男子四萬六千一百一十八　婦女二萬一千二百四十五

城池

易曰王公設險以守國記曰城郭溝池以為固斯邑剏置歲久而固守之具迄今畧備故志城池

縣治東北皆岡阜綿亘因地勢以築土城高　丈　尺袤　　厚　尺下

遶石以護其址上架蜈蚣木以覆瓦西南瞰淳溪河藉以爲壕即通衢要害處甃七門門每架樓樓每額其楊東曰賓陽西曰留暉南曰迎薰北曰拱極學右曰通賢東橋曰望洋西橋曰襟湖先是縣未有城知縣劉啓東亦公出嘉靖丙戌十二月初四雪夜縣帑忽被刼掠緝捕弗獲劉侯乃具白于撫按召富民分財平版幹稱畚器程土物畧基址量丁命日以責其成民皆樂於趨事閱兩月而事乞議諸謂劉侯斯其慮事使民之賢視古楚蔦城沂亦不多讓焉故述其槩俟秉左氏史筆者以詔將來

兵防

昔周公教成王立政而曰克詰戎兵衛武公亦以用戒戎作自儆夫儆戒無虞武藝誠不可不講也故志兵防

本縣民壯原編充一百八十九名嘉靖二年知縣劉啓東因里分消耗申請撫按衙門減編一百四十名四年遵本府明文照里減編六十六名按本縣分自溧水亦王畿百里內地似不煩手兵守也原於正德間有潢池盜兵之警始置民壯選編户之殷實者充之給公帑

以告兵器度隙地以建演武場委縣佐一員時簡教焉然所費難殷實而應當者或羸弱傭雇剋于其間且又因於多役除閘閣之防守官府之送迎其餘差遣不一至有襄饒糧而待行者夫兵貴精不貴多雖殘編之數亦足用矣此什伍時簡教在有司留意焉

孳牧附馬場

周禮校人掌馬政以辨六物記曰問國君之富數馬以對馬政之來遠矣斯邑初設即有孳牧之役矧猶有寄牧以重民困耶故志孳牧

本縣原分種兒騍馬二百三十一匹弘治九年兵科給事中倪天民以寄養爲名奏准加派蒙城等縣種兒騍馬三百一十九匹共五百五十匹該養馬人丁七千七百每年科徵備用銀壹千玖百捌拾兩至嘉靖三年查得蒙城等縣馬匹原係宣城改派之數奏行　巡撫吳　審實奏派宣城接養時　巡按楊　改奏本縣驛傳銀一千四百兩於宣城代出與免養馬其備用

銀數本縣論糧派納又納相國圩官民田地二千一百九十畝與養馬户分種每馬該田三畝七分意者馬有田稻之資丁無納銀之累而彼此爭馬之訟息矣

馬塲

鹹魚觜塲田四百九十畝地五百九十二畝一分　毛家觜塲田百二十一畝二分地一百六十八畝五分　禪林塲田一十二畝七分地四十五畝山六十五畝塘一畝七分　孫家岡塲田一畝二分地三畝山一十五畝　草鞋塲田一十九畝七分地二十二畝塘一十五畝　大

毋墩田五畝五分山十二畝塘二畝小毋墩田二畝五分地二畝塘壹畝九分萬善寺墩田五畝五分地二畝二分塘三畝五分尖墩岡墩田十三畝三分地五畝六分山三十五畝塘三畝五分走馬岡墩田一畝九分山一十五畝錢塘岡墩山八十畝野毛墩山二十畝囉囉墩山一百八十二畝竹墩岡墩田三畝六分地四畝八厘塘五分朴樹岡墩田十三畝地十二畝山四畝五分塘三畝五分武家嘴墩田十四畝九分地三十二畝馬家山墩山四畝東龍岡墩田十二畝地三十五畝山十一畝四分塘三畝三分任墓岡墩田六畝三分地三畝九分塘二畝三分嚴家岡墩田十九畝

七分二厘地二十八畝塘一畝六分桃花瀾塲田六畝六厘地十五畝地十五畝塘一畝七分牛莊岡塲田十五畝四分地一百八十七畝山六畝五分塘八畝五分鄭錢岡塲田三畝二厘塘二十畝九分山五畝小草鞋塲田六畝地二畝山十五畝塘三畝費家嘴塲地五十畝

桃花瀾分塲地一畝八分鴉池嘴塲地二十畝

高淳縣志卷一終

高淳縣志卷二

公署鋪遞附

君子之臨民必有聽事安身之地以嚴中外詩咏攸躋攸寧是已脩飭顧存乎人每視爲傳舍而致隳焉則非存心于公者故志公署

縣治 正廳五間 穿堂三間 後堂五間 馬政廳三間在正厅右 幕廳三間在正厅左 吏户禮三房幕厅前 兵刑工三房前 馬政厅 儀門三間正厅

前土地廟一間門左儀令監房十二間內東向舊在儀門嘉靖四年四月知縣劉啓東改置儀門外周繚崇垣仍東向

知縣廨十五間正廳後

縣丞廨十三間正廳東主簿廨二各十二間一在正廳西一在正廳前西

典史廨十間正廳東南吏舍二十間儀門內左知縣劉啓東

新建庫房一間正廳右

察院縣治西正義街正廳三間穿堂三間後堂三間儀門三間東西廂房各三間廚房三間

府館縣治西正義街正廳三間穿堂三間後堂三間儀門三間東西廂房各三間廚房三間

稅課局[illegible]設 陰陽學三間縣治左街 醫學三間縣治左街 僧會司 道會司 申明亭三間在譙樓右 旌善亭二間在譙樓左 社亭三間縣治東知縣劉啓東建 養濟院十五間在縣治左 牛兒港河泊所縣西隅廳二間門房三間廨舍三間 許家墫河泊所縣西十里廳三間門房三間廨舍三間 廣通鎮巡檢司縣東南六十里知縣劉啓東建廳三間門房三間後堂三間 廣通鎮壩官衙縣東南六十里廳三間門房三間後堂三間 廣通鎮公館巡檢司南九間知縣劉啓東重脩 演武場縣治南一里

鋪遞

総鋪縣治左　南塘鋪縣治東十里　尋真鋪縣治東二十里

舊鎮鋪縣治東三十里　遊山鋪縣治東四十里　湯師鋪縣治東五十里　松兒鋪縣治東六十里　永豐鋪縣南十五里　永寧鋪縣南三十里

鼓樓三間在縣治前

學校

昜聖人養賢以及萬民禮君子化民成俗必由于學學校乃教化之源也胡

儲賢育材以資世用耶顧有司崇重何如耳故志學校而社學書院牌坊以類附焉

儒學縣治東許弘治十二年應天府府丞冀綺經始治中劉奎知縣劉傑督工建立詳見令布政邢珣碑記大成殿五間東西廡各七間戟門三間欞星門三間明倫堂五間正德七年燬清戎御史徐翼印馬御史周鵷洪發贖金二百兩屬知縣施懋重建東西二齋各五間東曰仰高西曰還淳提學御史方鵞扁學倉三間明倫堂東東號房十五間東齋後西號房十五間西齋後學門三間

櫺星門左泮池知縣劉啓東從甃櫺星門內上架石橋一洞神廚三間戟門內左神庫三間戟門內右射圃觀德亭三間學門左臥碑一通明倫堂東壁祭器銅登五箇銅爵九十八箇銅簠四十一箇銅簋四十一箇籩豆三百六十俱教諭干鳳捐已貲置造教諭廨十二間西廡後

訓導廨二一在教諭廨前一在教諭廨後俱正德七年建

社學資陽門外前堂三間住房三間門房一間教讀一名

書院縣治西正義街知縣劉啓東新建正堂三間扁曰崇文門房一間

坊牌

進士坊縣治東崇仁街爲弘治已未科進士周鉞立

登雲坊縣治北二十五里爲永樂戊戌科進士許英立登科坊縣治北二十里立信鄉爲弘治己酉科舉人夏輯立

秩官

凡建官設屬分理庶務無非爲斯民計耳況職司親民者乎斯邑自剏置以來其涖政有刻勵節行勉於循治者匪直徼惠于一時使不忘之以爲鑒法則立

名君子何足恃哉故志秩官

知縣縣丞各一員　主簿一員　典史一員　吏典六房

儒學教諭一員訓道二員司吏一名

廣通鎮巡檢司巡檢一員司吏一名

廣通鎮壩官一員攢典一名

牛兒港河泊所官一員攢典一名

許家埠河泊所官一員攢典一名

陰陽訓術一員　醫學訓科一員

縣官題名

知縣

宋澄浙江臨海縣人由舉人弘治六年任

劉傑山東潞縣人由舉人弘治十年任

林琦福建甯縣人由舉人弘治十二年任

熊吉字伯脩江西撫州府臨川縣人由進士弘治十六年任興利革弊剖決如流崇學校以敦士習勸撫字以厚民生學優才富精錢獨持當道推入名宦祠焉

李岫順天府宛平縣人由舉人正德三年任

王廷相嵩縣人由進士任給事中左遷正德四年任尋陞御史

閻茂河南洛陽縣人由舉人正德五年任

黃大源字與潔福建莆田縣人由進士正德七年任未一年以憂去

顏銳字叔養涿鹿左衛人由進士正德八年任陞戶部主事

施懋克敏浙江東陽縣人由舉人正德十年到任

陳良山福建莆田縣人由舉

高淳縣志 卷之二

人正德十四年任　劉啓東伯陽河南羅山縣人由舉人嘉靖二年任

胡愷餘姚人　伍鎧晉江人　褚廷玉侯官人

劉汀南宫人　陶秀南城

縣丞

錢瓛浙江烏程縣人由監生弘治六年任　單璧河南固始縣人由監生弘治十二年任　劉景直隸蠡縣人由監生弘治十五年到任

吳璘河南魯山縣人由監生正德元年任　王鎧山東護衛人由監生正德四年任

廖威湖廣興山縣人由監生正德八年任　何天衢湖廣偏橋衛人由監生正德十年任　馬雲河南汝州伊陽縣人由監生正德十五年任

主簿

孟晟 山東益都縣人由吏員弘治六年任

王海 直隸任丘縣人由吏員弘治七年任

宋麟 山東濟南縣人由吏員弘治十二年任

張吉 湖廣耒源縣人由監生弘治十五年任

劉貞 博野縣人由吏員正德元年任

劉芳 四川成都府監生正德二年任

闕相 陝西渭南縣人由知印正德五年任

闕宗禮 直隸清豐縣人由監生正德九年任

王居正 山西臨晉縣人由監生正德九年任

葉清 福建邵武縣人由監生正德十一年任

徐璡 山東人由監生正德十三年任

徐升 寶定府雄縣人由監生正德十四年任

王應時 湖廣羅田人由監生正德十五年任

董裕 山西鎮虜衛人由監生嘉靖元年任

典史　王津浙江臨海縣人由吏員弘治五年任　孫文河南潁川縣人由吏員弘治九年任　胡大寧江西建昌縣人由吏員正德元年任　彭檜江西安福縣人正德五年任　游邦進湖廣麻城縣人由吏員正德八年任　張緒山西靈石縣人由吏員正德九年任　胡輝福建莆田縣人由吏員正德十一年任　陳濬福建福州府福清縣人由吏員正德十二年任

學官題名

教諭　陳貴廣東歸善縣人由監生弘治十一年任　王輔山東

歷城人由監生正德元年任于鳳字宣治江西新淦縣人由舉人正德三年任鄉校時遭父喪廬墓三載有司奏旌為立孝義坊居家出仕動循礼法涖學躬率正道講學不倦弟子翕然向方時本學祭器未備遂捐俸資刱置籩豆簠簋登爵之器時人有冠昏喪祭葬礼制者諄諄誨迪民知警未踰年毋卒於官扶櫬還民不忍舍生徒從哭有送二三百里外者至今感慕如昔延入名宦祠其愜輿情

鄧富江西寧都縣人由監生正德四年任徐一夔浙江山陰縣由舉人正德七年任楊學書山東武定州人由舉人正德十二年任黃豫福建侯官縣人由舉人正德十四年任賈宗魯山東兖州府嶧縣人由監生嘉靖二年任

訓導　張玗浙江山陰縣人由舉人弘治八年任　劉大本四川內江縣人由監生弘治八年任　項覺浙江青田縣人由監生弘治十三年任　江澮浙江常山縣人由弘治十六年任　徐遵河南固始縣人由監生弘治十六年任　江紘江西貴溪縣人由監生正德四年任　楊德脩四川長壽縣人由監生正德八年任　姚文材福建莆田縣人由監生正德九年任　姚雲南貴州都雲衛人由監生正德十年任　劉滔浙江奉化縣人由監生正德十一年任　俞騤浙江嚴州府桐廬縣人由監生正德十五年任　吳期暢江西吉安府永新縣人由監生正德十六年任

名宦

政蹟馨香者名垂汗簡德化民迹者去思有碑崇祀之典自古皆然酬德報功方今尤甚吾淳邑若知縣熊吉教諭干鳳德政偉卓難以枚舉各入本誌民不忍忘恭請當道延入宦祠廟食永久庶幾沾是邑者視遺軌知所感慕云

知縣熊吉

教諭干鳳俱嘉靖五年祀

鄉賢

魏良臣吳柔勝吳潛吳淵四公出處行實詳見人物等志事業炳烺具瞻在人德行超卓允宜從祀況溧水祀久今其鄉方分屬本邑恭請當道延祀于鄉賢祠春秋致祭顯揚賢德庶後生者知踵芳躅步後武云

魏良臣　吳柔勝　吳潛　吳淵

俱嘉靖五年祀

選舉 進士舉人歲貢貢例 貢薦辟掾吏附

古三物教行不出其鄉而論定以官後世科貢制興以此爲重而雜進之途亦未嘗不盡其才斯邑分設自今而以地繫人當循乎古故志選舉

進士 按金陵溧水舊志宋以前俱無攷

宋

劉綰 字子陽永寧鄉人紹聖甲戌畢漸榜

魏良臣 字道弼崇敎鄉南塘人宣和辛丑何渙榜

魏師遜 字良翰崇敎鄉人紹興戊辰王佐榜

吳柔

勝字勝之永寧鄉茅城人淳熙辛丑黃由榜吳淵字巽父柔勝之子嘉定申戌袁甫榜吳潛字毅父亦柔勝子嘉定戊寅榜第一人劉鳳字廷儀永寧鄉人嘉定壬午傳行榜劉應炎字景輝永寧鄉人咸淳間劉愈初心永寧鄉茅城人咸淳間進士因忤丞相陳宜中黜故遠授宜倫縣知縣

元

劉梓彥敬永寧鄉人泰定甲子以上詳人物志劉鎬高所照愈之子永寧鄉茅城人中延祐乙卯張起岩榜任侍郎

本朝

孫讓遊山鄉人洪武庚辰胡靖榜王琮安興鄉人永樂丙戌林環榜

許英 壬華立信鄉人桀戌戌李驥榜

求周鉞 立信鄉人弘治己未倫文敘榜

舉人 宋以前無攷

宋

王先舉 崇教鄉人咸淳間中

元

劉泳 伯仁永寧鄉人延祐丁巳科以春秋浙省中式詳人物志

本朝

余旭 崇教鄉人洪武己卯科任福建泉州府通判

夏濂 崇教鄉人洪武

已卯科任教諭

杭濟 洪武癸酉科中任御史

劉德 政明愈之孫永寧鄉茅城人中洪武已酉鄉試任清水縣知縣

魏組 文綬立信鄉人永樂辛卯科任主簿

徐金 崇教鄉下塘人正統甲子科任山西大源府通判

夏輯 良成立信鄉人弘治已酉科中任福建沙縣知縣正德間逆瑾擅權被黜尋起任浙江瑞安縣後調廣東曲江縣致仕

趙守 弘甫唐昌鄉人正德庚午科中任山東登州府教授

歲貢

劉彥宣文華洪武間任溧水縣教諭　夏泰崇教鄉人永樂間任黎平府經歷

張清芝崇教鄉人永樂十年任祈陽縣丞　李應庚[illegible]鄉人永樂十二年任工科給事中

夏斌崇教鄉人景泰間任海寧衛經歷

孔敏遊山鄉人任常德府武陵縣教諭　孫豫永豐鄉人任南京東城兵馬[illegible]

[illegible]寧永豐圩人任河南府新安縣教官　谷泰次安永豐圩人成化十年任北直隸茂山衛知事

夏華士英成化間任直隸故城縣學教官

夏宇以中崇教鄉人弘治四年任柳州衛經歷　楊詵本誠弘治元年任天津衛武學訓導

夏獅士昂崇教鄉人　朱錡大器崇教鄉人成化十五年任河南宣武衛經歷

芮峻惟高唐昌鄉人成化十七年　李杲景春

弘治七年任訓導錢啓德昭弘治八年任經歷湯景賢弘治九年
任訓導王賓弘治十年任訓導徐恭弘治十一年夏校弘治
十三年楊轗弘載弘治十五年張坤希載弘治十七年任台州同知
沈顯榮宗仁弘治十八年任訓導陸庸時肅正德二年任分宜縣訓導
孫禎應昌正德三年王釗微機正德四年陳璟孔佩正德七年
胡容載夫正德九年任邵武縣訓導劉鑑正德十一年任江山縣訓導
芮銑從質正德十三年張介世節正德十四年李謿信之正德
十五年芮誥廷恩正德十六年任長垣縣訓導張傑世興嘉靖元年
鄒江朝宗嘉靖二年張億世用嘉靖四年

例貢

王溥齊之正德三年　湯應隆世昌正德三年任縣主簿　劉璉宗尚正德十年　張茂秉德　芮廷璨蘊之　王灼時明俱嘉靖四年

陳昊光大嘉靖元年充侯門教讀　劉轍以同嘉靖二年充侯門教讀

王楨良翰嘉靖四年　邢琮廷獻嘉靖五年

薦辟

宋

夏俊崇教鄉人仁宗時任浙江參政夏德成崇教鄉人仁宗時任青陽縣知縣

王景雲崇教鄉人咸淳間任青陽縣主簿

元

劉應昴景文永寧鄉人隱居不仕至元戊子詔求南人有材者御史程雪樓盧摯並薦擢國子祭官王均容崇教鄉人至元年任廬州府知府

周祿二永寧鄉人任太平路判官周景永寧鄉人任常州路學正

本朝

劉穆永寧鄉人聞

太祖起兵鳳陽詣軍門獻渡江策授溧水州判陞江西省郎中授

奉訓大夫劉橫字彥英永寧鄉由臺舉任浙江蕭山縣知縣

誥命

夏璿字王成崇教鄉人洪武二十三年以經明行修被薦任浙江嘉興府知府

李旭字景昭立信鄉人洪武二十三年由人材任江西南昌府武寧縣知縣

甘霖崇教鄉人以才優德贍洪武間被薦任江西布政司右布政使

王寵禮永寧鄉人洪武間由人材任江西奉新縣主簿　桂子淵遊山鄉人永樂十年由楷書任陝西岐山縣縣丞　趙澄字源絜唐昌鄉人永樂十年由人材任浙江溫州府永嘉縣知縣　邢興立信鄉人永樂二十三年由人材任浙江紹興府知府　史謙東關人景泰間任廣信府永豐縣主簿

掾吏

劉斌崇教鄉人永樂十年任河南上蔡縣縣丞　朱瑛在城北隅人嘉靖三年任廣平府曲周縣典史

武勲

周先　王陵俱永寧鄉人先任鎮海衛陵任北京錦衣衛俱百户

杭勲立信鄉人任湖廣鎮遠衛正千户　何源大寧前同千户　江全

任昌平衛千户　朱緣任龍江左衛千户　袁和龍江衛百户　陳道

夔留守左衛千户　袁勝邵興衛百户　鮑玉武昌衛百户

趙桓任柳州衛千户　唐學任寬河衛百户　楊靖任大理衛千户

馬青六襄陽群牧千户　楊榮銅關衛百户　朱付一富峪衛百
户　顯宗福州衛百户　胡文徐州衛百户　魏保四威清衛千
户　邢貴任左開衛百户　許熟兒任潘衛百户　趙安南京留守
右衛百户　蔣勇任大河衛百户　魏保兒任廣寧衛千户　許小弟
任淮府都千户　韓廣任臨平衛千户　吳文任臨安衛百户　江祿任開
平衛百户

人物按舊志宋以前無攷

賢傑之生必資于地而地之榮實亦資
乎人古有鄉稱君子里名[illegible][illegible][illegible]以人

哉斯邑新設其所割之地忠義孝節卓焉自古已有聞矣故志人物

宋

魏良臣質資魁偉少遊郡學歸值母病刲股為糜以進下咽即安閭里稱孝初登第詣册徒剔赴闕授歷仲太學生陳東究天下高其義調嚴州壽昌令以治最聞召對除敕令所刪定官遷吏部郎官金人犯高郵驛使講和上曰魏良臣頗有氣節宜往使還進相法國廷議下協丐祠歸閒廢累年上念之除禮部郎官遷左右司檢正秦檜當國欲俾以言職力辭適金人敗盟擢吏部侍郎奉使兀朮辨精銳以懇之良臣從容不攝反復審辯定初議後參大政出衣冠之囚歸蠻瘴之竄起淹抑斥

姦回脩軍政罷冗官節浮費曉歷知紹興宣潭四郡卒贈光祿大夫建康郡開國侯食邑千三百戸實封二百戸謚敏肅

吳柔勝初調宣城都昌尉巴陵主簿華亭下砂鹽場官授嘉興教授浙西使者黃灝委以荒政賴全活者甚衆韓侂胄用事注贛縣尉時黨論沸騰柔勝為人指目訕笑恬不為意獨與寓官吏部楊萬講學義理提點刑獄司辟為鎮獲盜賞陞官柔勝曰豈忍以人命博官請臨司交委之以祠歸嘉定初召除主管尚書刑工部架閣文字授國子政當論對時大風雷太廟鴟尾壞柔勝進言皆廷臣不敢斥言者遷博士時年六十乞通判建康府邊郡擇守授司農丞知隨州隨經兵火茅葺殘壁不及中州一下縣柔勝治之罷科斂寬逋負興忠義褒死節隨人大悅隨及棗陽舊

熙城敵至直犯安陸漢陽東及蘄黃南至鄂州與國系勝為築守阻而金人大入棗陽三門不克而退諸郡賴之就遷提點京西刑獄改知池州未幾除湖北轉運判官兼知鄂州值飢以精勤於事活人萬餘式議其用是干審系勝嚴求罷改知太平州鄂人泣留之治太平一年有惠系勝素解知止足上章請老除秘閣脩撰主宮觀卒贈太師謚正肅子四源泳淵潛

吳淵淳祐九年以端明殿大學士大中大夫沿江制置等使知府十年詔以淵立山築耕屯備塌忠勤特除資政殿學士仍與執政恩例進封金陵侯十一年詔以淵與利除害府例二十五事究心軍民特轉兩官賜錦綉堂忠勤樓六字進爵為公十二年陞大學士除福建按撫使知福州改知平江府為發運使未幾論罷淵所至

好猾斂沒豪橫惠濟貧弱寶祐五年自京湖制置使召還陞參知政事未及至而卒

吳潛 淳祐十一年時二揆虛席史嵩之貪進士上書薦已喧傳麻制已下衆心遂洶洶及聽宣制則謝方叔與潛也人心安開慶元年改左相方蒙古兵圍鄂州丁大全匿不以聞虽坐罪免其黨章鑑高儔蕭泰來沈炎等尚在潛入葬陳叙亂之由乞去之理宗不能聽及蒙古兵至潭江西大震潛用御史饒應子言移賈似道軍鎮黃州似道以潛為欲殺已銜之會帝欲立忠王潛密奏曰臣無彌遠之才忠王無陛下之福帝怒之似道因令沈炎劾潛罷潛奉祠又詔黨潛者營諫嚴察以聞安置潛於潮州後貴授化州團練使徙循州似道憾尤未平乃使武人劉宗申守循以毒潛遂得疾曰吾其死矣夜必風雷大作已而果然循人悲之

劉綰官至安撫使靖康初歿金人之難　芮甫君唐昌鄉人高宗時任樞密使　魏師遜官至樞密使　劉應炎任臺諫因不附賈似道尋謫賦悲笑二歌歸隱不仕　劉鳳任翰林編脩學士陞經筵講官　劉泳學行著聞揚州鎮南王禮聘為世子師　張永初元善安鄉人建炎年間官至簽樞密院事

元

劉梓官至福建廉訪使　劉應昴擢國子祭酒後任大司馬

本朝

夏壋浙江嘉興府知府廉以律巳寬以馭民致仕歸囊橐蕭結　甘霖江西

右布政使
有惠政

一夏宇字以中母魏氏感白蛇之
夢而生形質明傑志氣宏
入月理學尚傳詩得老杜法屢困
傷逕佛充乚就當道每為嘆惜之

孝節

宋

夏氏 溧橋市人淳熙元年剖腹取肝以療母疾知縣王衍申啟其里曰昭孝坊出溧水縣志

余氏 銀林市人淳熙十年鄉有惡少景佐欲污之不從乃持刀入室脅之不屈甘受白刃而死知縣王衍勘實置佐于法具白于府嘉其貞烈改其市為節婦里仍奏請旌表其門

本朝

花山節婦 舊志云姓名不傳今不錄

王氏 安興鄉進士王璩孫女也適鄉人劉齊生子鎡五方四歲齊卒時氏年二十總抱尸號哭一慟絕復甦人皆驚

一男守志撫鐵五歲人里人楊啓以女妻之舊鍾五亦卒家以姑婦俱孀家貧不能存勸楊改適遶請曰姑守節爲我夫也我若樂之他日何面目見夫於地下耶志節凛然竟以壽終鄉達夏宰爲賦双節詩有云一家姑婦能全節兩世孫男不識翁

楊氏見上

孫氏永寧鄉周彝九妻年二十夫卒遺二女時歲歉舅姑欲密遣適人以救死氏知之以死自誓不從由是攢容飾力女紅養舅姑送終盡禮撫二女俱擇配壽躋七十一目疾劇呼卑幼向語曰我爲人婦今幸無愧矣仍諭以保家睦鄉之道而終焉

魏氏崇教鄉夏公八妻年二十夫卒遺腹五月生子其夫兄欲奪其志魏執義不屈一日私通謀氏黨夜強逼其行竄伏草莽中獲免撫遺腹勤紡織以贍生年八十而卒

劉氏永豐鄉人劉元七女少時父訓讀書知大

義遶里人王迪六年二十夫卒生子五月族人欲奪其志乃以死自誓不從鄉人賢之

陳氏 唐昌鄉尚珙六妻年十九夫卒無子時夫弟尚峻甫一歲而孤陳度其可何於是勤紡織躬保撫後峻成立遣從所請學充弟子員上大稱節義兩全峻敬事不懈後峻應貢入国子監卒繼妻魏氏亦守志不渝

魏氏 見上

楊氏 唐昌鄉楊穆五女年十九適同里魏五一年夫亡無子立堂姪魏佾承嗣夫家每欲奪其志楊度其心惟欲盡得家產耳遂棄之攜佾徙居上莊村後佾成立家資饒裕三族称其賢

凌氏 永寧鄉凌進二女許聘與里人王紳姪病卒紳慕其色欲謀爲妾時父以聘財難償將許之女不從密縊救免竊計不償其聘事未得息乃將衣奩貨與之後誓不再嫁依兄子爲終身計勤麻枲歷艱苦暑無追悔年踰六

於而終

烈婦

王氏 鄉刘檜妻洪武丙申歲歉大疫夫與舅姑暨父母兄弟俱亡遺氏年二十二獨存一無倚甲中惡少爭娶之氏以死自誓不從一日有倚強逼娶者氏曰命可丧而身不可污遂自刎而死孫刘弼以詩哭之二句蹁二寸孤孀義不從人引刃亡剛節九泉天監烈清名千古日爭光風中勁草方知操雪後孤松始見芳根殺當時公道廢竟無褒寵樹貞良

孫氏 永寧鄉人刘彥陽妻彥陽任平江香糯倉官卒於任值兵亂氏與一子二女守旅櫬於官邸城陷子死於兵賊掠氏欲犯之不從遂遇害二女長曰貞女年十八次曰潔女年十六賊脅之行紿曰吾二人無所往矣願得相從但父母棺骸暴露乞容埋之從行未晚也賊信其言而為埋

之後隨至江邊相挈赴水而死賊皆頗駭而去

隱逸

本朝

夏鑑字文明號魚樂崇教鄉人教諭瀌之子知府墉之孫自少有大志博涉經史善吟咏家貧能守不苟同於人家居言笑不苟里中富室欲其屈已一從輒有厚濟視之漠然足跡不及其門年七十教授于鄉子弟多所成就鄉人咸稱為長者小先生楷書得歐陽詢筆法所著有漁樂藁嘗脩溧水縣志藁藏于家有司累薦辟不起壽七十有六而卒

高淳縣誌卷之二終

高淳縣志卷三

壇祠

古者有邦有土必崇天明以嚴顯融神地道以著幽耿表勵功化以勸懲久皆所以爲民化斯邑祀事三義備焉在有民社者知所重耳故志壇祠

社稷壇縣治西北一里許繚以周垣内神厨三間知縣熊吉建嘉靖[illegible]知縣劉啓東重脩

風雲雷雨山川壇舊在縣治東南一里許嘉靖丙戌知縣劉啓東

徙於城隍廟舊址以便祭祀繚以周垣内神廚三間

邑厲壇 舊在儒學後嘉靖丙戌知縣劉啓東徙於縣治北半里許繚以周垣内神廚三間

鄉厲壇 每里一所

里社壇 每里一所

城隍廟 舊在縣治東南一里許嘉靖丙戌知縣劉啓東廢五[illegible]街崇院西隙地徙建後廳三間前廟三間側房三間門房三間繚以周垣

鄉賢祠　儒學戟門外西向祀

名宦祠　儒學戟門外東向祀以上二祠知縣劉啓東新建

卹典

周禮遺人掌縣都之委積以待凶荒漢立常平義倉以利百姓此古之良法豈今不可行哉在司牧者盡心焉耳故志卹典

預備倉舊房頹壞嘉靖四年知縣劉啓東重脩蓋門樓一間倉房二十五間

永豐倉舊額傾圮之極嘉靖四年知縣劉啓東重蓋官廳三間廨房三間土地廟三間前門樓一間倉廒四十二間監房二間

養濟院縣治左舊房十二間知縣劉啓東增建三間

惠民藥局

義塚

古蹟

箕子悲禾黍賈誼弔汨羅蓋古人之陳迹有足以感人而君子不能忘情者故志古蹟

古固城　縣治南一十五里春秋時吳所築也按乾道志在溧水縣西南九十里高一丈五尺羅城周七里三百三十步子城一里九十步又按滕公廟記固城吳時瀨渚縣也楚靈王與吳戰吳軍不利遂陷此城乃移瀨渚於溧陽南十里改為陵平縣平王立使蘇代為將戰敗吳軍改陵平為平陵縣王聽費無極妄言伍員奔吳闔廬用為將舉軍敗楚固城宮殿烟焰逾月不滅其城遂廢及考宋紹興中溧水縣尉俞居中在固城湖湄得東漢溧陽長潘乾教官碑以為其地即漢之溧陽也今按

前漢地里志并溧陽縣志則固城在秦漢時為溧陽縣址至唐初析溧陽溧水為二縣而溧陽徙于永陽江北固城之地遂屬溧水今又析屬本縣矣

開化城 縣南五十里環地三里六十步高五尺有庙未詳按寰宇記云開化城在固城東即溧水舊地今廢

竹城 縣東南六十里環二里高五尺有庙未詳宋周美成詩竹城何檀栾層翠分雉堞王封盡四壍周有歲寒節即此今皆廢焉

皇姥城 縣東[illegible]里在大山南周城五百七步子城周一里百十四步高[illegible]皆五尺有庙未詳今廢

薛城 縣西三里許周城二里七步古人築於此漫無所考遺址尚存林木

擁僻靜幽雅別

人每為覽勝焉

陵墓

周武克殷封比干墓以表其忠漢高至

縣置信陵君守冢者五家以嘉其賢矧

猶有死欲速朽者哉故志陵墓

唐慶王墓縣南十里崇教鄉之南塘按慶王名弘茂元宗第二子幼頴異

不喜戎事每與賓客朝出宴遊惟以詩賦

為樂年十九而卒

本朝

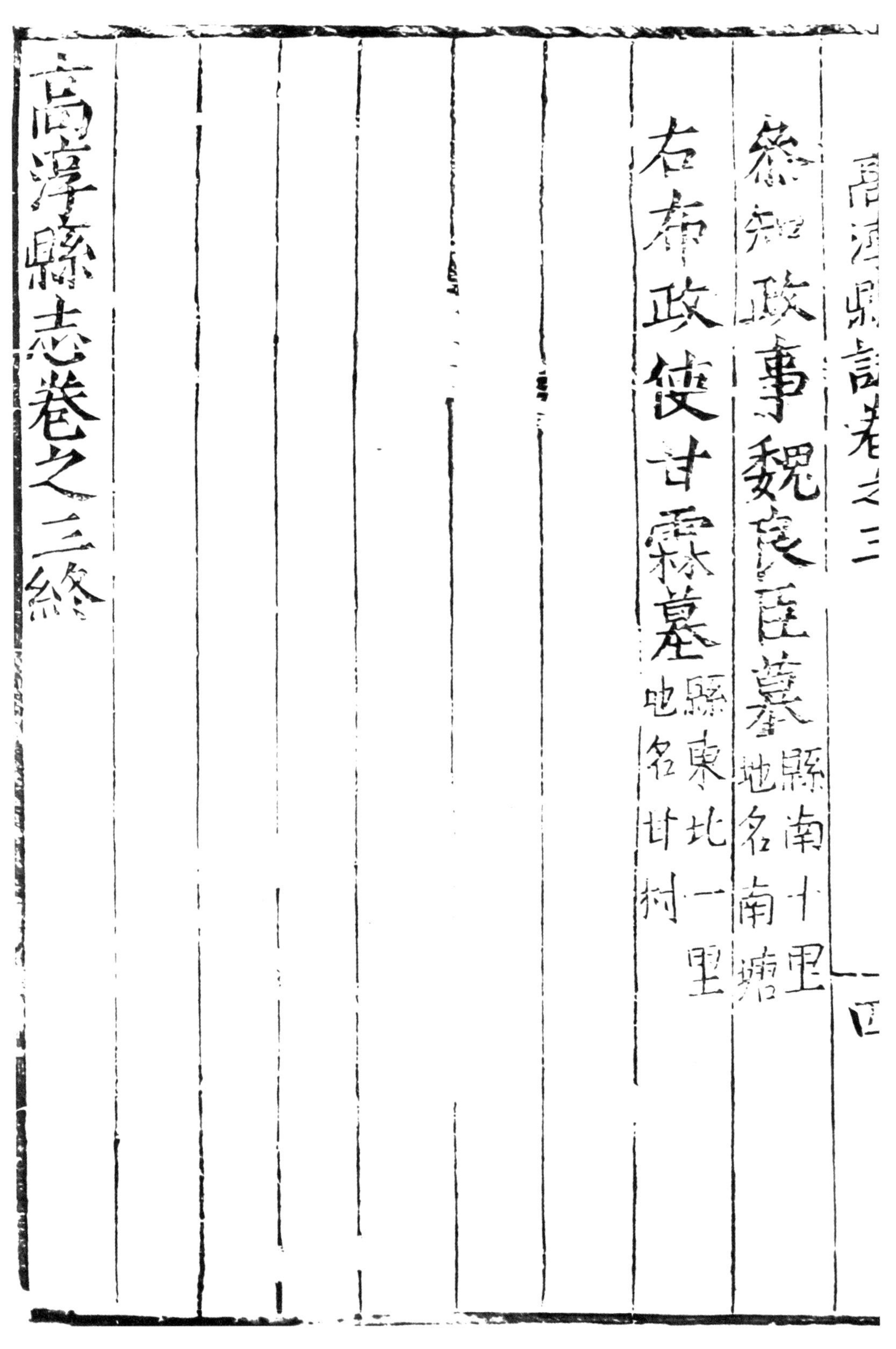

參知政事魏良臣墓縣南十里地名南塘

右布政使甘霖墓縣東北一里地名甘村

高淳縣志卷之三終

高淳縣志卷四

藝文

李漢謂昌黎文有摧陷廓清之功元微之謂子美詩兼衆人之所獨專者要皆取其闢氣運裨世教耳斯邑繫南畿首善之地詎有不鳴其盛者乎故志藝文

記

新建高淳縣治記

古者列國各有史官備記時事而勸懲之義存焉今之邑視古子男國也雖史無專職顧時事莫重於役民可無紀載以徵人心之從違也哉夫高淳舊溧水屬鎮弘治壬子應天府丞冀公綺以地控三湖民多弗率遞請于
朝割七鄉陞鎮爲縣而撫輯之唯時相地肇工而知縣宋侯澄董其役治中劉公奎程其功內而廳事廨舍譙樓儀門監

庫外而學校倉庾壇祠教塲宏規要務草創一新餘有未備如歐陽子所謂蓋有待焉者後更九令其間通敏英毅材足有爲者如熊侯吉頓侯鋭或爲時勢之搼撼或爲陟明之迫期以致邑事未圖其全嗚呼是非茲邑之不幸歟啓東不肖自嘉靖癸未季夏欽承

上命来宰茲土入境首詢民瘼臨事徧咨耆老越三日揭虔

文廟洎各神祠土街蔓路木仆瓦傾河津之厲揭市井之蕭索觸目嬰心恍然寤情有灰退而思之古有以一隅而興者況膺百里之寄而竟無可爲之時乎由是蚤作夜惟克自淬礪事上惟恐弗恭御下惟恐弗誠奄至期年而庶務稍集人心以和念昔未備者將欲取次圖成耆民陳權二等十餘人相率詣庭請曰凡有作興願各捐己貲以効力幸毋

勞吾父母心予悅而從臾之然不敢自用自專乃上白于前巡撫都御史東湖吳公今靜齋陳公巡按御史　楊公府尹南渠王公俱允可遂以節縮公帑量分給以相載事於是陳權二陳智承造淳溪大河浮橋與傍溪二石橋以溢病涉邢增二陳觀三等承新永豐預備二倉以便儲運賑濟劉瑚孔瑋邢增一張佐三劉慶六等承廣吏舍建社學崇

門觀飾禁庫以及南北壇城隍廟陰陽醫學閱武場并書院公館總鋪義塚街衢之類皆樂於趨事爭先脩葺罔有一毫襲偽亂真於其間以故究創就敝者或因舊而增新未創經始者悉煥然而畢建甫二載間曾不少倦督責每每告厥成功山川因之增壯神人為之胥悅噫淳哉不負其為邑淳之民果真難治也耶信乎所謂小人學道則易使也夫

春秋重義舉有事必書凡此工役繫與
俾一邑之事克全顧予何人得此於民
耶亦惟因民之利而利之故民心樂從
而不遠誠義舉也予於此匪特以淳民
易於從善爲慶亦竊以自逭僨事之責
爲榮故不避書此刻于石以詔来者
若曰勸懲之義存焉則惡乎敢
嘉靖五年歲在丙戌季夏之吉文林郎
知高淳縣事羅山劉啓東書

高淳縣志卷之四

高淳縣儒學記

高淳古鎮也昉于弘治壬子由溧水析爲縣維時材力孔艱獨廟學未建雖師生具員而禮無所施絃誦輟響記曰先王建國君民教學爲先今之縣古男子國也教學可緩乎哉越七年戊午應天府丞寶應冀公綺舟宣至此進諸生知學宮闕狀迺率僚屬詣縣東里所陟山巘相其明塏夷衍爽以正方向定營位

焉復度在官羸財庀材鳩工屬知縣劉
君傑董其事治中劉君奎往來程其功
課日經始工善吏勤並手交作於是大
成殿两廡明倫堂两齋以及欞星戟門
饌堂廨廩諸生藏脩之室取次舁建洎
肖
先聖先師像具羣賢名位黝堊丹漆悉如
其制崇周垣以別民居設重扃以謹啓
閉事迄告成則士有景行而民皆

知向方矣歲丁禮嚴器用每責辦於民正德改元戊辰教諭干鳳捐貲範銅爲簠簋登爵之器而用全士論題之歲丙子明倫堂燬清戎御史徐公翼提督馬政御史周公鵷按部各發贖金若干屬知縣植君懋重建視舊增勝時縣丞何天衢亦規措造學門外二橋左以木名育英右以石名集賢而行者利焉嘉靖改元癸未夏鄉進士羅山劉君啓東受

命來領縣事首謁夫子廟周視學垣見其舊
者就敝缺者未興即介完繕于懷及朞
政通人和度材力充足而工易就緒不
以勤吏民訌部使之聽徵工僦功於赤
白之漫漶弗章者飾之杗榱之黑腐將
撓者易之宮墻瓴甓之圮裂者脩葺之
及徙泮池於櫺星門內甃石架梁於上
拓射圃於學宮之左建觀德亭於中戟
門外立名宦鄉賢二祠他如庖湢庫井

百爾器具秩然與舉閱數月完舊益新克底于成又博選民間之儁秀以充弟子員度前功啓後績可謂爲政知所先者矣教諭賈宗魯訓導俞槩吴期暢相與議曰高淳有學自創始以來二十有九年矣其間作輟由人羣工未集未有紀述以詔將來茲劉侯湜止始極完美其可無所圖耶乃具事之顛委遣諸生朱珩周鄉諸陛夏寧過予三湖田居請

記辭帶舊已爲之言曰昔樊子厚謂仲
尼之道與王化遠近
今天下一統
重熙累洽之化無[illegible][illegible][illegible][illegible]荒徼夷服之徒
皆知誦法孔子[illegible]高淳入我
朝家爲畿內守善之地被
聖祖之化最先乃以迫遠民難約束爲辭而
厪此土木之費何耶蓋近世之號吏治
者一切以文法從事而置風教於可緩

間有柢順

俾訖咎其聲教所暨不越乎几席之下百里遙化咎將誰諉哉嗟夫泮宮作而采芹之頌興學校隳而子衿之刺起即此觀之學之興廢係乎世之治忽誠有不可緩者矣粤自三代之學皆所以明人倫而已故孟子曰人倫明於上小民親於下自夫堯舜以往孔子推明斯道以詔萬世用之者足以淑人心而興至治今高

淳學宮逼戍八村蔚興爲司牧者薄書期會之暇亹亹焉以斯道親爲講授而皷勵之由是絃誦之聲達乎四境而治化之本以立齊民不見有約束之難富者循其制貧者安其常無逋賦無遠役無嚚訟老釋不敢懷詐㬎憎閭鬪之下寖成敦本儉朴之俗此無他詩書之澤灌漑乎人心彝倫之敎潤色乎政治焉且比邦人士幸儲養有地作興得人且

涵泳聖涯蘊懷遠器以鄉周於時爲德
爲民而功業所期如鄉先哲吳正肅親
樞密吳許國諸公之英聲懋績炳炳烺
烺爲有宋一代之名臣俾高淳不失爲
神化所先之地斯學匪直爲觀視之美顧不
偉歟劉君蚤發解河南學贍氣充其涖
高淳也嚴以律己誠以馭下敏於立政
皆有耳目者之所及且部使及大府有
事難集訟難決者寔委之即辦此化民

首務豈居列邑後哉縣丞馬雲主簿王應時董裕與史陳濬源共相其成法得附書是為記

嘉靖四年歲次乙酉九月吉

賜進士出身大中大夫江西布政使司右參政論功

欽陞左布政使致仕當塗三湖居士邢珣書

前高淳縣尹鴻山伍公去思碑

斯民也三代之所以直道而行也夫民之所以直道者盖以其得於天者有是非之公理而信於人者有是非之公心自古迄今所以流行於宇宙間而常伸者其是非之實不可誣也予嘗考漢史若魯仲康流惠於中牟孔君魚宣仁於姑臧任長孫詒蹟於九眞王稚子遺澤於洛陽皆德被當時譽光來世輝耀簡

冊至于今稱之不衰何其盛也我
明興百七十餘年而守令之重最爲近古
士之爲守令以循吏稱者代有聞焉視
漢亦略相等矣若今南京光祿少卿鴻
山伍公文衛之令高淳也距今十餘載
矣而民之思之者猶一日焉夫盡一邑
之人衆矣而思之猶一人焉是非其德
化入人之深而何以得民心之久若此
其至哉吾以是知民心之公理有不可

得而誣者矣高淳舊鎮名也溧水所轄之地弘治間以其民之龐雜而事之無所統壹也始析其地改鎮置縣去應天府治二百餘里地僻而民多狡偽往往轉相告訐積訟日多犴獄日繁牽連滋蔓動以數十百計譸張爲幻紛呶叫嚣於是相習爲頑慣至不可制而民咸不適厥居相率號爲難治矣先是令茲邑者多峻爲刑威以撲治之其風愈熾公

之始至也止刁訟息貪暴抑兼併鋤彊梗刑罰減省獄訟清簡是其平理曲直使退而自責以德化爲理不任峻刻庶乎有仲康中牟之惠焉節浮費縮重征戒掊尅絕侵漁力行儉約雅志清潔是其立節不汚治貴仁平甄善疾非爲政明斷庶乎有君魚姑臧之節焉課農桑興學校廣儲蓄備災患積穀萬餘爲荒旱之計是其導人以禮義吏民累息惠

行境内公私皆蒙其利庶乎有長孫九真之政焉事不擾民民不見吏宣暢惠問播蕩休聲以平正居身得寬猛之宜是其寃嫌久訟歷政所不斷法理所難平者莫不曲盡情詐壓塞群疑庶乎有稚子洛陽之化焉公之政及於高淳者如此則民之所以思之者夫豈偶然之故哉抑亦是非之公心有不容已者歟吾觀漢之循吏若王稚子許少張諸賢

民思其德皆為之樹碑立祠至每食輒絃歌而薦之何施而得斯於民也民心之公於此可見矣公之少子殤於邑邑之民至于今猶俎豆之思公以及其子則民之所以思公者將何如也質之漢史之事蓋亦相類耶其邑之人邢引禮瑀等謁予而告曰公之惠吾民者何可忘也願相與刻之石以勸後之人予諾之曰此直道也防民之口甚於潰川哉

之是非不可枉也善其善焉公是也可以勸矣惡其惡焉公非也可以勸矣因次其事俾勒之石以爲後來者式焉公名鎧字文衛閩之晉江人由進士歷户部主事員外郎郎中以至今官其詞曰

皇明肇興聿定疆宇邑曰高淳寔惟畿輔地僻而狹民胥以驕其政能訛其音嘵嘵伍侯至止驅抑浮靡治事如家愛民如子芟彼棘枳樹此桃李我耕我蠶我田

我里政不赫赫民則循循維民之樂緊
侯之仁侯心何爲民思何極維民之思
緊侯之德彼職吏者責在逢迎民罔知
恤延譽樹名視侯斯文不寧有媿是則
是傚千秋毋毀

嘉靖二十二年歲次癸卯秋七月　日

賜進士及第朝列大夫南京國子監祭酒前
左春坊左諭德兼翰林院侍讀　經筵
講官同脩　國史晉安龔用卿撰

淩雲堂記

林庭芳 進士 莆人

古者崇重其人則必更名其居以表異之若王彥芳之義其鄉曰君子張嘉貞之名其里曰鳴珂自古則然今莆邑令許侯奐名其所居之堂曰凌雲猶古意也侯以戊戌科登進士拜

聖天子之寵光樂鄉大夫之美意立坊以表其宅里顏扁而更以今名噫亦榮矣哉

夫科目始於隋盛於唐唐人以登第爲

凌雲謂其志氣凌厲霄漢也司馬相如作大人賦人以爲有凌雲氣是足徵矣豈若王勃子安撫凌雲以自惜而有慕於楊得意乎然雲之爲物也泊乎其容忽乎其蹤條西而東飈揚太空澹乎若無心於世也及其膚寸而起瀰漫萬里沛爲甘霖人皆顒然以望也欲無心於世得乎雲乎雲乎其爲無心乎其爲澤物乎其多人志氣乎昔范文正公亦嘗

於科第者也少有大志人皆以宰輔期之而公嘗曰先天下之憂而憂後天下之樂而樂其志與人殊蓋所謂豪傑之士也烏有豪傑之士詎肯舍是遂而他出哉令侯志氣之超然德性之純然世方祈爲太山之雲不崇朝而雨天下則我侯之崇重於斯世也不既大乎雖然是堂也雖侯之命名然其意蓋欲輪奐一新垂千載於不朽衣冠百世期子孫

於無窮豈止榮一時夸一鄉而已哉予與侯忝同年復同榜侯先任閩之侯官令甫一考以内外艱去家不相知者二十餘年茲再任於甫獲與侯會彖不鄙而以記囑予於是盡發名堂之意而記之亦所以示勸也若夫紀山川之奇勝述堂宇之幽邃非名堂大義所繫茲不贅

凌雲堂歌

溪山盤迴繞華屋閥閱爭傳宋名族風

雲咫尺接

帝居瑞氣氤氳諧喬木屋南高樹凌雲坊屋

東新扁凌雲堂鳥革翬飛屹相峙雕甍

畫棟爭煇煌堂中有客青雲器早年獨

負凌雲志家學遠承源委傳聖經細嚼

膏腴味一朝挾策出賢關直排閶闔呈

琅玕萬里雲梯穩高步一枝蟾窟曾先

攀書錦煌煌歸故里里族增光且驚喜華堂半亂凌雲開新搆百尺凌雲起一官出宰閩海陽銅章墨綬花封居兩邑風聲傳卓異

四朝兩露沾虞雲紙今官轍久南北凌雲舊搆宛如昨堂前霜露感驚心堂外風烟恒在目於焉繪圖寄此情客從展記心神清莫言已遂凌雲志還思莫負凌雲句　徇不見韓琦畫歡金門策日下凌

雲見五色符祥兆瑞在斯人千載功勳何烜赫又不見傅說當年起版築四海蒼生霖雨足雲也從龍能作霖誰言備說應無今今侯攜卷索我歌我慚材薄將柰何敬陳頌美寓規戒請侯公暇時吟哦

遊丹陽湖　李太白

湖與元氣連風波浩難止天外賈客歸

雲間片帆起龜遊荷葉上鳥入蘆花裏

少婦棹輕舟歌聲逐流水

高淳八景

丹陽秋月　貢大源

物色遜今古潭光澹有無九天開寶鑑

萬頃浸明珠仙女招攀桂舸即聽採蕖

年年秋八月幻出小蓬壺

又　干鳳

湖光瀲灩落霞收寶鑑懸空水上浮一

色金波天上下恍疑身在廣寒遊

又　　夏輯

秋滿丹湖月滿空湖光月色競秋容惜無槳法同遊翫玉笛金錢一夢中

東壩晴嵐　　黄大源

層巒多霽靄烟景傍瀛洲過雨青猶滴溢光冷不秋横江銀練斷抹障回屏妝遠眺雙眸豁笛聲人倚樓

又　　干鳳

宿雲初散雨初晴壩上風光月樣清數
點峯巒天外碧丹青雖巧畫難成

又　劉弼

群山疊翠屹東皋暖暖晴暉爍嶺毛弄
煖青葱浮黛色含暉蒼翠鎖松濤勢雄
花境烟光靄案對芹宮秀氣豪遥憶方
壺好相似移來疑是走鼇

石臼漁歌　黄元源

平明春浩渺畢網得鱸歸澤漾[illegible]波皆

歌殘落日陰扁舟忘結駟輕笠當華簪

富貴真娛樂茫茫世不尋

于鳳

幾葉烟舟逐暝烟踏歌欵乃散江天旅

蒲殘處從棲泊吹笛船頭入春眠

又　夏輯

一葉扁舟百里湖烟波深處想婆娑輕

風短棹斜陽外幾曲滄浪自在歌

花山樵唱　黃大源

谷口路仍滑山楸岐已分斧斤臨絶獻

蓑笠卧閒雲嘯散空山應歌翻隔岸聞

歸来尋舊路田首已斜曛

八　　千鳳

腰鐮手斧鄜芒鞋朝上樵山暮始回不

向山中看樵局山歌一曲下山来

龍潭春漲　　韻銳

潭上青雲鎖暮陰潭之春水漲千尋漫

漫邑浸迷沙渚渺渺蒼波没遠林寒日

淡烟無鳥過冷風凄雨有龍吟何如吸
向蒼溟去噓作商家歲旱霖

又　周治

龍潭之上水溶溶拍岸奔騰白浪衝瀰
渚誰能辨牛馬漲花偏喜躍魚龍接連
石臼湖光瀾流破丹陽春色濃閑玩登
臨高處望一灣佳氣遶花封

固城烟雨　頻銳

暗雲寒雨晚冥冥湖上春陰失遠燈浩

湫柏堤孤浪白微茫隔岸數峯青别船
漁火遥堪望何處鳴榔近漸聽疑是洞
庭秋色裡欲將瑶瑟弔湘靈

官河夜泊　頓銳

山城鍾鼓擁昏黄又傍官河纜回檣遠
渚月明邊鴈下岸汀風細蓼蘋香寒生
漁火衝潮起更暗鄉愁入夜長旱發棹
歌湖上路淡煙輕霧櫓鳴榔

又　夏輯

十里官河春漲平夾堤烟柳裊輕盈[illegible]船繫纜黄昏後醉倚蓬窗看月明

保聖曉鐘　　項銳

雲淡星疏月滿江夜殘山寺暗鐘撞聲隨野水號寒澗響逐高風入破窗幽梦乍驚推石枕旅䰟愁斷對空缸壯圖逸氣俱銷盡獨有詩魔不受降

又　　夏輯

梵王宮闕碧崚嶒吼出蒲牢百八聲殘

月落餘醒憂後來生不必聽鷄鳴

遊保聖寺　　頓銳

陊殿平蕪照野塘水田風起稻花香松
歎古砌飽霜露碑鎖蒼苔沒漢唐壞塔
倚空形寂寞敗垣經雨色凄凉不堪吟
斷無人會滿耳蟬聲報夕陽

高淳縣儒學聖賢贊碑

伏羲贊

於維聖神，繼天立極。仰觀俯察，卦爻斯畫。始造書契，以代結繩。開物成務，萬古文明。

神農贊

聖皇繼作，與天合德。始嘗百草，以濟夭札。農有耒耜，市有交易。澤被生民，功垂無極。

黄帝贊

帝德通變，神化宜民。垂裳而治，上乾下坤。

弁野分州迎日推筴百度惟熈萬世作則

帝堯贊

欽明揖遜德協萬邦巍乎成功煥乎文章
天地之大日月之光允執厥中道貫百王

帝舜贊

重華協帝授受於唐惟精惟一濬哲文明
兩階干羽九韶鳳凰恭己南面萬世綱常

禹王贊

文命四敷三聖一心有典有則克儉克勤

成功不伐善言則拜九州攸同萬世永賴

湯王贊

勇智天錫聖敬日躋建中于民萬邦惟懷
顧諟明命肇脩人紀垂裕後昆道統斯啓

文王贊

天德之純於穆不已亹亹緝熙敬止
後天八卦貽知日星大哉彖繫式開太平

武王贊

丕顯文謨丕承武烈偃武脩文天下大悅

丹書之受洪範之咨百王遺緒一代丕基

周公贊

天生元聖道隆德備制禮作樂經天緯地
上祭文武下啓孔顔功在萬世位參兩間

孔子贊

道冠古今德配天地删述六經垂憲萬世
統承羲皇源啓洙泗[illegible]德報功百王崇祀

顔子贊

天禀純粹一元之春精金美玉和風慶雲

慱文約禮超入聖門百王治法萬世歸仁

曾子贊

守約而慱學恕以忠聖門之傳獨得其宗

一貫之旨三省之功格致誠正萬世所宗

子思贊

精一之傳誠明之學聖門嫡派斯道有托

發育洋洋鳶飛魚躍慎獨之訓示我先覺

孟子贊

哲人既萎亞聖斯作距詖闢邪正論諤諤

堯舜之性仁義之學烈日秋霜泰山喬嶽

欽差總理糧儲兼巡撫應天等府地方都察院

右都御史陳鳳梧賛

外志

吾道明則異端之害息祀典正則雜淫之祠廢此理之必然也斯邑未建以前而二氏之屋宇不經之祠廟已據有其地顧為政者崇之汰之何如耳故作外志

保聖寺 縣東五里舊名龍城唐貞元十七年建宋祥符中改今額宋胡應發有讚法堂記

儒童寺 縣東南二十里舊名孔子唐景福二年建南唐昇元中改今額舊傳夫子遊楚嘗寓于此今亦無所考云

禪林寺 縣東二廿里唐

咸通元年建洪武二十五年歸併淨行寺永樂元年復開建龍化寺縣南五十里宋咸通元年建顯慈寺縣西三十里舊名刘莊唐中和中建宋紹興中改今額洪武二十五年歸併保聖寺永樂中復開建新化寺縣南五十里宋咸通元年建洪武二十五年歸併儒童寺焉淨行寺縣東北八里舊名洪城唐中和三年建唐進士刘騭撰碑記今廢彰教寺縣北二十五里舊名報恩唐大中七年建當塗祖雋問有題詠三元殿縣西北十里李溪庵縣東五十里宋至祐三年建蓮塘庵縣南二十里東陵庵縣東南七十里祠山觀縣治南元至元四年建尋真觀縣治北舊傳許真君寓此脩道有燒香壇舊庵在洪武二十五年歸併朝元觀三十年復

關建五顯廟興仁門內　晏公廟縣東新橋左　關王廟縣治北　祠山廟縣西北十里　八仙姑廟縣西北十里　磚砌廟縣東三十里　東嶽廟縣東南七十里　雀岡廟縣東五十里

災異

堯九年水湯七年旱災異之來雖聖世不免當時民不為災豈無故哉斯邑屢罹水旱

上念減賦之恩下蒙賢撫之惠蓋轉災以為祥也故志災異

正德戊辰旱本府帖發預備倉穀一萬一千五百五十一石零賑濟飢民撥仲表等四萬一千七百二十一口

己巳旱本府帖發預備倉穀一千一百三十九石賑濟飢民戴貴和等若干口

丁丑水奉例減免勸徵平米二萬六千三百九石零馬草二萬四千五百包零

戊寅水奉例減免勸徵平米三萬二千三十八石零馬草二萬三千三百九十六包零本府帖發預備倉穀三千三百二十七石四升賑濟飢民柏永堅等四千七百二十一口

己卯水本府帖遵奉勑諭發官帑銀一千三百二十五兩九錢零賑濟飢民楊珣等

二千六百八十三口

嘉靖癸未旱奉例減免勸徵平米一萬六千五十四石零馬草一萬六千三百三十三包零

高淳縣志卷四終

高淳縣誌後序

高淳古溧水一鎮也今分爲邑則一邑矣其山川風景壯麗無減於溧駸駸乎可擬倫於名邑也然今昔之因革制度之巨細天文地理之繫人物文章之富陳治道而觀風俗重倫理以寓

激勸初未有誌之者其以載之溧而不必悉諸淳歟亦不可得而知之矣意者或有待而然也去徃陳侯雖嘗肆力於此誌有其具而已一時所紀山川道里民風土俗與夫人材物産掛漏居多上不足以副懷古之情下

不足以發潛德之光大不足考其跡以成治功小不足錫兹尊而述美觀議者恒病其無益於事也嘉靖癸未郴溪劉公以中州豪傑來知兹土視事初即祛積弊抑奸豪宥冤賞卹貧弱朞月之間民咸受惠且好古博雅

雨重禮教凡邑之壇祠學舍城郭橋梁倉庫廨宇之類經營殆盡是皆昔無而今有創見而誇羨者也一日政暇蒞學言於宗魯曰邑之有誌猶國之有史史載一代之實典誌紀一邑之實蹟史誌之作炳乎可考矧高淳

王化首沐之地尤不可無遂謂
魯輩禪讓舊誌于謝政大方伯
邢公訂之公隱曜三湖知梛溪
有素也乃親爲校閱增入新事
補其闕畧定擬凡例彙而次之
首之以建置自建置而下以至
兵防學校爲一卷次之以公署

自公署而下以至官秩人物爲二卷三之以壇祠古蹟之屬四之以藝文外志之類是皆名義卷編之所當分先後詳畧之不容紊著其間別類于上標題于下大書爲綱細註爲目凡四卷二十七類而誌成焉乃捐俸壽

揮以表章之蓋微劉公青萍之器高俗之才莫能爲此事也微那公博洽之識製作之工莫能爲此書也嗚呼斯地也否於前而泰於今不可以不誌斯誌也畧於前而詳於后不可以不彰顧泉魯之陋奚足以序於末哉

覽者當恕其僣妄

嘉靖五年歲次丙戌仲夏之吉

高淳縣儒學教諭山東兗州府

嶧縣虛室賈宗魯拜書

金陵全書

甲編·方志類·縣志

順治高淳縣志（一）

（清）紀聖訓　修
（清）林古度　纂

南京出版傳媒集團
南京出版社

提要

《順治高淳縣志》十八卷，清紀聖訓修，林古度纂。

紀聖訓，字琅函，清直隸寧津（今屬山東省寧津縣）人，貢生，順治十年（一六五三）起任高淳知縣，辦事雷厲風行，用人恩威并施。招賢納士，勤政愛民，在高淳興修儒學，并親撰《高淳縣重修文廟儒學記》。

林古度，字茂之，號那子，福建人，是明末清初時的著名詩人，寄籍南京。

該志編修時，距前次萬曆時縣尹項維聰修《高淳縣志》已五十餘載。『勝國之際，兵燹相仍，故迹遺亡，藏書闕略，賢祠聖迹吏治民風湮没弗彰者何可勝紀』。（《新修高淳縣志序》）紀聖訓到任後，搜尋舊志本，帶領教諭虞謙和七名生員，『搜遺逸，訪故老，兼聽并觀，洪細畢采』，又聘請林古度考訂輯纂，逾三月而志成。

《順治高淳縣志》凡圖四、表四、考三、志十六、紀一、列傳四。前有四境全圖、高淳縣圖、衙捨圖、學宮圖；卷一分野、沿革表、邑紀；卷二官制考、官師表（包括學職、屬職等目）；卷三薦辟考、科貢表（包括例貢、掾選、封贈、恩蔭等目）、武科表（包括武爵、武職等目）；卷四建置志（包括公署、學校、郵捨、坊表、祠廟、寺觀、殿庵、橋渡等目），祀典志；卷五疆域志（包括街巷、市鎮、鄉裏等目）、形勝志、山川志（包括山嶺、岡隴、墩坳、湖河、溪澗、潭灣、灘嘴、塘蕩、井泉、溝港等目）；卷六水利志、古迹志（包括冢墓、義冢等目）、雜志；卷七風俗志、物産志、賦役志（包括户口、土田等目）；卷八賦役志（包括税糧、徭役、雜賦等目）、鹽政；卷九賦役考；卷十至十三列傳（包括名宦、官守、鄉賢、人物、忠臣、孝子、義夫、義士、篤行、文學、隱逸、貞烈、節孝、流寓、方技、仙釋等目）；卷十四至十八藝文志（包括文、詩等目）。卷首有紀聖訓順治十三年（一六五六）作《新修高淳縣志序》，及林古度、虞嵊《後序》兩篇。

該志爲高淳縣史上繼正德、嘉靖和萬曆年間所修縣志後第四次編修的縣志。志書『所爲天象、地輿、民風、物産，仕宦之出處，賦役之輸將，節孝之流傳，文章之記載，皆斑斑可述』；所録嚴謹，凡資料未能考知者，直書『無考』。其中關于各項賦税的沿革、數年間全縣的户數和人口的記載等，詳實而尤顯珍貴。康熙十八年（一六七九），知縣劉澤嗣又在此志後增補數事，并將下限延展至康熙十五年（一六七六），又增《奉憲增補邑志序》一篇，重新付梓刊行。

今該志原刻本已遺失，增刻本也成爲孤藏，現存於國家圖書館。《金陵全書》此次影印以國家圖書館藏清朝康熙十八年（一六七九）增刻本爲底本原大影印出版。

陳丹鳳

新脩高淳縣志序

郡邑之志凡以核形勝考租賦稽戶口省謠俗據天下之雄圖驗已然之成蹟山川人物於是焉存社稷民人於是乎識賢良方正之選經術文

章之用使博通吏治者前有所法而後有所懲則志之重於郡邑也久矣漢興取秦內府圖籍藏之以周知四方盈虛强弱之數緣是武功既張文教用脩因時制宜治以彌

古
皇清御籙以來政通人和百廢
具舉諸如驛遞賦役之法悉
經釐定茲復崇文購書
諭臣工於政事之暇留心學問
以故 禮部劄付各 督撫

牌抄及　學道案行諄諄申飭不啻再三聖訓不敏承乏茲土越有三載懼無以副
今天子右文之意　各上臺委諭之心夙夜憂惶靡所寧息夫淳之爲邑也近自唐虞三

代分土揚州秦始皇二十六年始置溧陽屬鄣郡隋文帝開皇十一年置蔣州溧水隸之至大明弘治四年始置高淳縣屬應天府歷今百有六十餘年淳之爲志者三自永

樂十七年通諭藩省郡縣各
脩志書正德甲戌涿鹿頓尹
始脩之嘉靖癸未羅山劉尹
繼脩之萬曆丁未永嘉項尹
再脩之歷今五十餘年勝國
之季兵燹相仍故址遺亡藏

書闕畧賢祠聖蹟吏治民風湮沒弗彰者何可勝紀訓自下車即詢舊本正德嘉靖者俱不可得萬曆之志歲久倖存謀之學博虞君孝廉三人邑弟子七人周爰咨諏不遺

餘力搜遺逸訪故老兼聽並觀洪細畢採訓徧公集神廟嚴加考訂紬野史之識正魯魚之謬以授乳山老人林那予纂輯之謝則為之減傳書省膏沐提綱挈領或前畧為

後詳或昔存而今廢殫精研思罔有遺漏逾三月而摠厥成所爲天官地志物產民風仕宦之出處賦役之輸將節孝之流傳文章之紀載者班班可述其即古之圖籍郡邑

之所重者在於是歟凡圖四
表四考三志十六紀一列傳
四共一十八卷彙爲一書恭
進　上臺以報　嚴命俾珥
筆之吏志風土之盛衰皇華
之臣考政治之得失上可以

勸文治之隆下可以嚴課最
之典使後之守土者按圖求
治亦可由是而知勉焉
旹
皇清順治十三年歲次丙申孟
秋既望

知高淳縣事寧津紀聖訓撰

奉　憲增補邑志序

士君子筮仕四方原期審時度地多所表見有時易俗維風俾民德歸於敦厚事雖創而不驚有時脩廢舉墜俾前功赫焉重光事以因而可久

如僅視一官爲傳舍於當創
當因之事漠然置之而一無
所建樹焉其於
國家量能授職之典不深有媿
乎予以乙卯歲蒞淳其地蕞
爾僻處三湖一切公廨郵舍

傾頹者十之六七蕪沒者十之二三毋一經行其地不勝周道之感思欲振興之其功未易圖也乃於董勸之餘漸爲倡助之舉或創或因多方經畫如淳之俗忍而且薄富

民苦嫁女則溺女貧家苦多子併溺子葢父母天性之恩無有爲之發明者而予因有育嬰堂之建爲之立規條召乳媪措繁費雖赤子未盡生全而殘忍之風庶於是乎少

息此育嬰之舉淳之所從無
而予爲之創建者也又其地
平疇多而岡陵少貧者不能
塟輙置棺於堤落水濱歲久
暴骨如莽乃仁人君子所目
擊而心惻者而予因之設義

塚則遺骸得瘞而枯骨無災雖非牛眠吉壤庶馬鬣於是乎可封至若賓館傾圮高賢枉駕幾欲班荊今則晉交有地可適館而賦緇衣矣演武廳爲前人所構歷年既久厇

礫不存每遇秋獮編蘆爲藩今則聽事傑然可以戢干戈而櫜弓矢不憂風雨矣尋真鋪距縣一舍爲溧淳界鄆亭僅有其地使者驅車未能少憩太息而長徃者歷有年今

則門廡堂皇內外咸秩驛節着可無非厚非虎之歌至若胥溪兩堰間爲數邑孔道有橋久廢病涉興嗟爲之區畫本石而堵築之是亦利濟之一端此則淳之所本有而子

因之重新者也又如
聖宮災於刧火春秋瞻拜苦無
地予經營勸勸倡率士民而
締造之今則宮殿崇隆堂階
宏整松棟雲牖斯翼斯飛併
久廢之名宦祠一朝鼎峙而

門櫺坊表宮闈并垣靡不聿
新聖賢在天之靈庶乎可慰
此則事之有可圖而實功之
更倍於創者也雖然率作者
予而共勤者乃淳民之力今
各

上臺獲聞其事以予功在民間恐其久而不傳命載入邑志以垂遐示然予竊思之邑志章務無費難事於編摩况值歲旱民艱諸須支困安得以剞劂之需復擾吾蒼赤乎朕

各
上臺之意不可泯因附數事於
簡末俾後之輯志者採列各
條之下于之微勞既得以不
朽而儉歲民生亦藉以安全
其於

國家量能授職之典或可以無

媿爾是爲序

旹

皇清康熙歲在己未季夏月吉

淳邑令北吳劉澤嗣譔

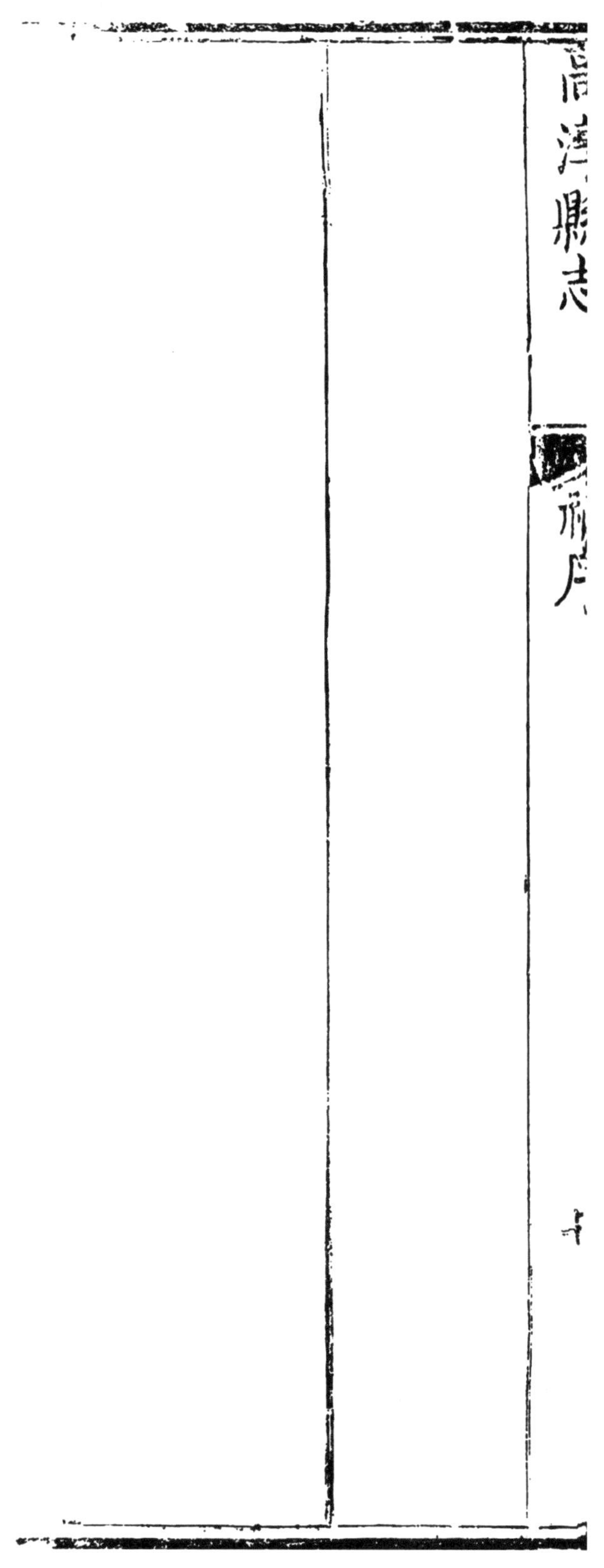

高淳縣志目録

四境全圖
高淳縣圖
衙舍圖
學宫圖

卷之一

分野
沿革表
邑紀

卷之二

官制考

官師表

學職　屬職

卷之三

薦辟考

科貢表

例貢　掾選　封贈　恩廕

武科表

武爵 武職

卷之四

建置志

公署 學校 郵舍 坊表 祠廟 寺觀

殿菴 橋渡

祀典志

卷之五

疆域志

街巷 市鎮 鄉里

形勝志
山川志
山嶺　岡隴　墩坳　湖河　溪澗　潭灣
灘嘴　塘蕩　井泉　溝港
卷之六
水利志
古蹟
塚墓　義塚
雜志

卷之七
風俗志
物產志
賦役志
戶口　土田
卷之八
賦役志
稅糧　徭役　雜賦
鹽政

卷之九
賦役考
卷之十
列傳一
名宦 官守 鄉賢
卷之十一
列傳二
人物 忠臣 孝子 義夫
卷之十二

列傳三
義士　篤行
卷之十三
列傳四
文學　隱逸　貞烈　節孝　流寓　方技
仙釋
卷之十四
藝文志一
文

卷之十五
藝文志二
文
卷之十六
藝文志三
文
卷之十七
藝文志四
文

卷之十八

藝文志五

詩

高淳縣志　目錄　五

圖考

圖經伊始河洛肇生龍馬瑞呈卦畫象著涖官一方務知境地縱横廣隘匪圖莫稽矧淳雄鎮湖山要區資水爲城竟山立治閭閻郛郭田野建學宫視諸他邑形勝較異士民觀瞻尤所諄切寫兹首簡誠左圖右史也作圖考敘

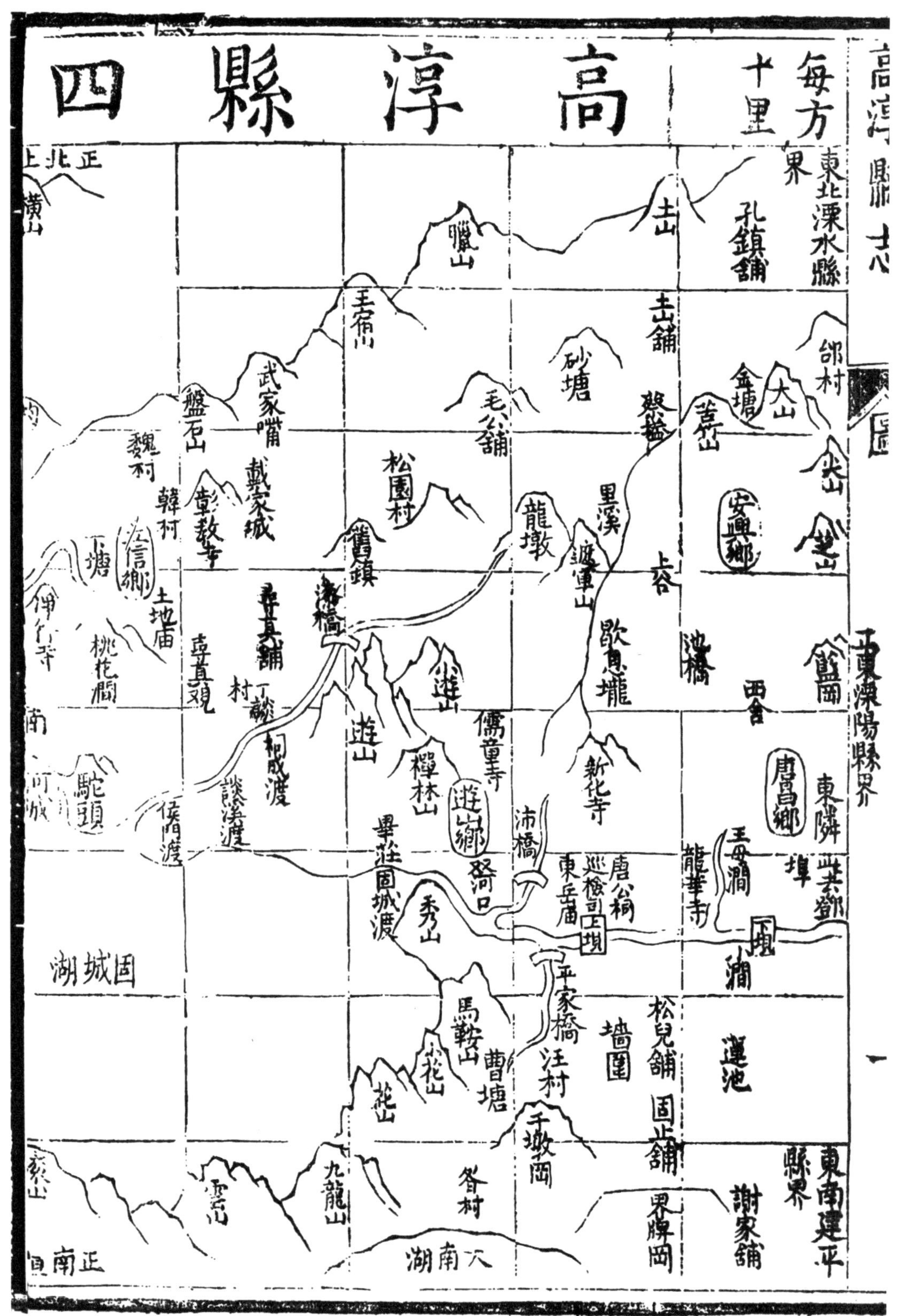

高淳縣四
每方十里
正北
橫山
東北溧水縣界
孔鎮鋪
砂塘
毛公鋪
武家嘴
盤石山
魏村
韓村
戴家城
松園村
舊鎮
龍墩
里溪
遊軍山
上谷
安興鄉
大山
金塘
尖山
西舍
東溧陽縣界
唐昌鄉
新化寺
儒童寺
小遊山
遊山
櫸林山
遊山鄉
沛橋
土地廟
桃花澗
駝頭
談溪渡
固城渡
秀山
東岳廟
巡檢司
上壩
唐公祠
王母澗
龍華寺
下壩
蓮池
固城湖
平家橋
墻圍
松兒鋪
馬鞍山
曹塘
汪村
小花山
花山
千墩岡
九龍山
界牌岡
謝家鋪
東南建平縣界
正南

高淳縣志 圖 一

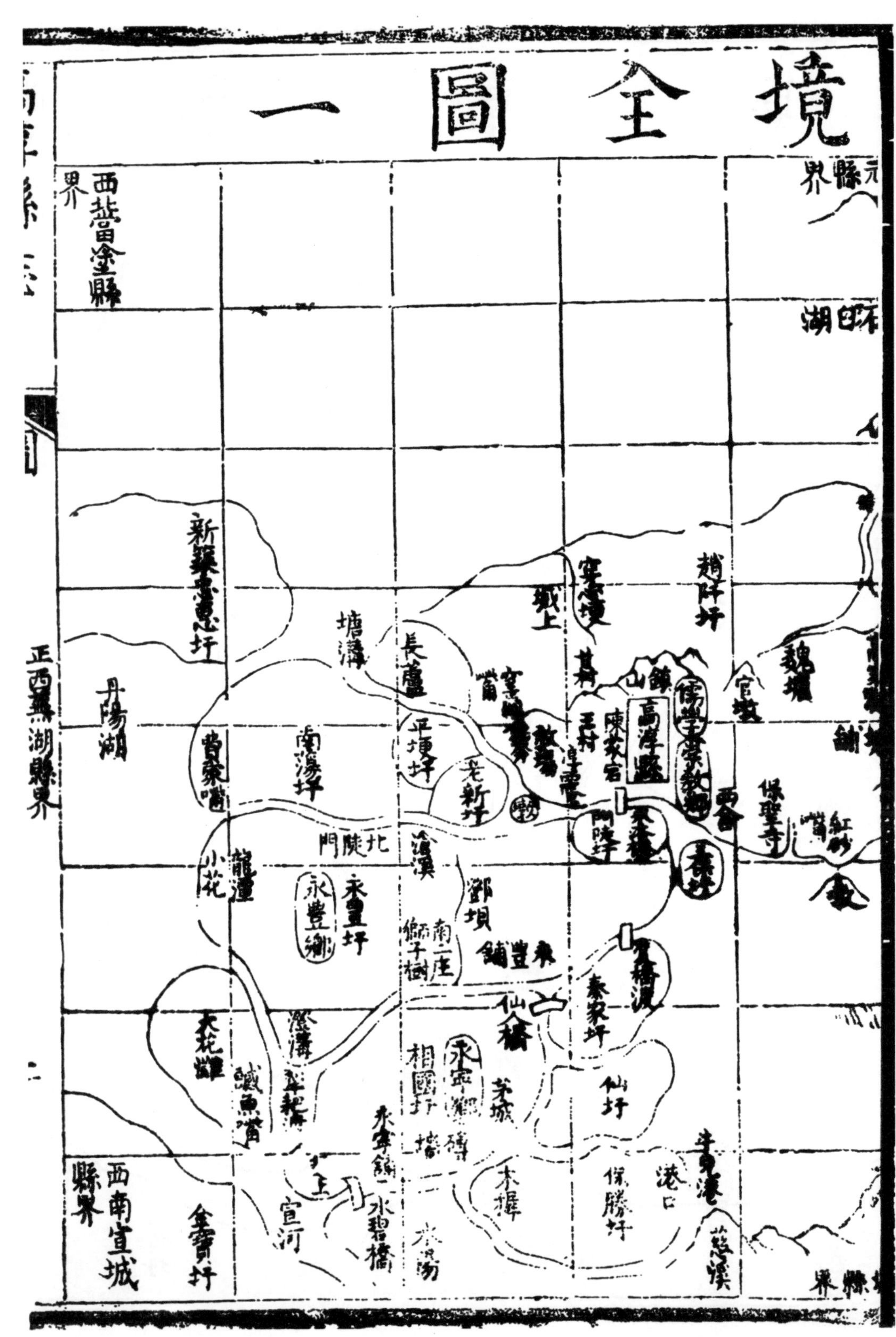
境全圖
西當塗縣界
丹陽湖
正西蕪湖縣界
塘溝
長蘆
南蕩圩
曹家嘴
平埂圩
老新圩
北陡門
小花
龍潭
永豐鄉
永豐圩
滄溪
鄧埂
永豐鋪
仙橋
秦家圩
相國圩
茅城
仙圩
永寧鎮
官河
水碧橋
西南宣城縣界
金寶圩
保勝圩
港口
慈溪
高淳縣
儒學
保聖寺
魏墳

高淳縣

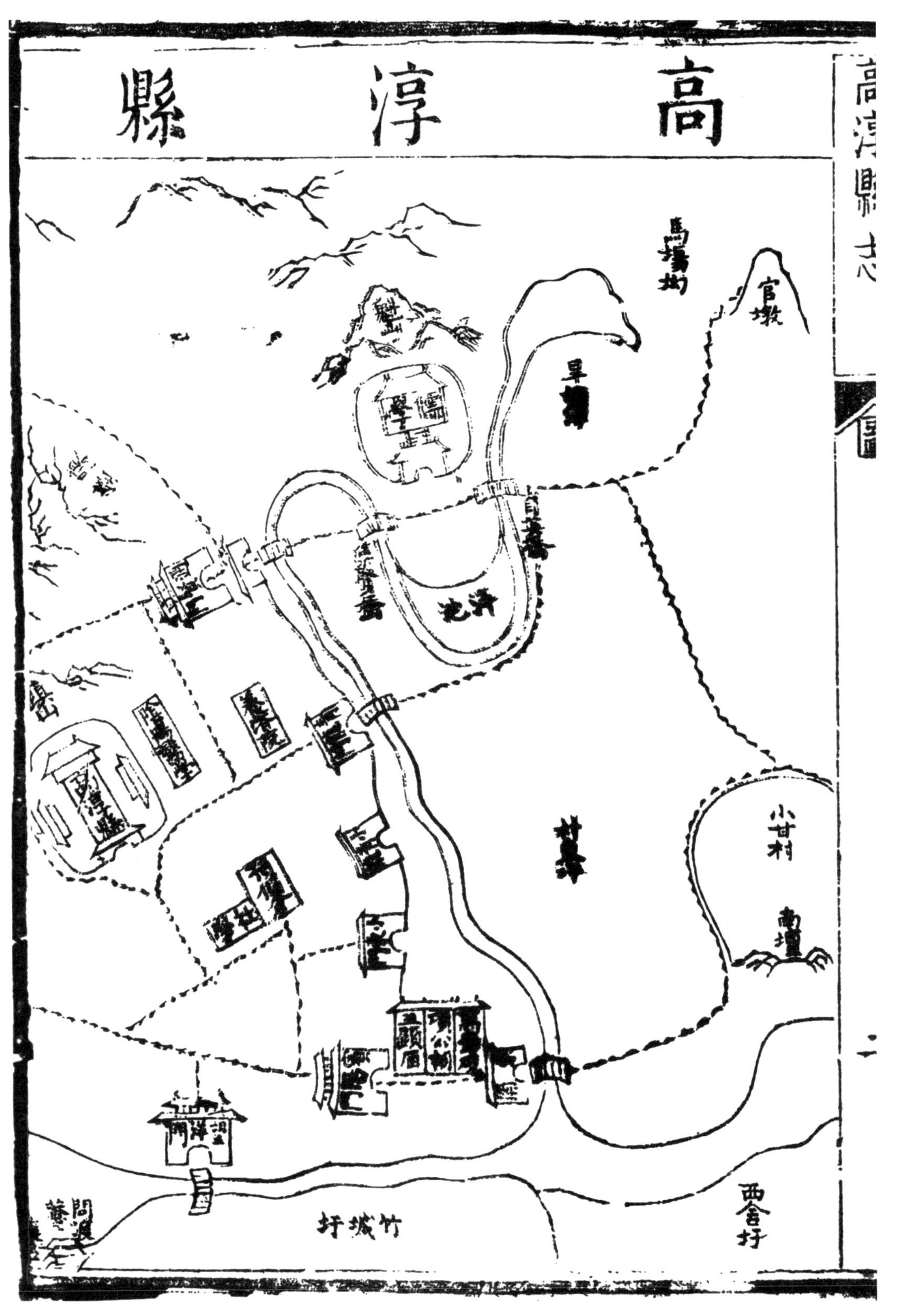

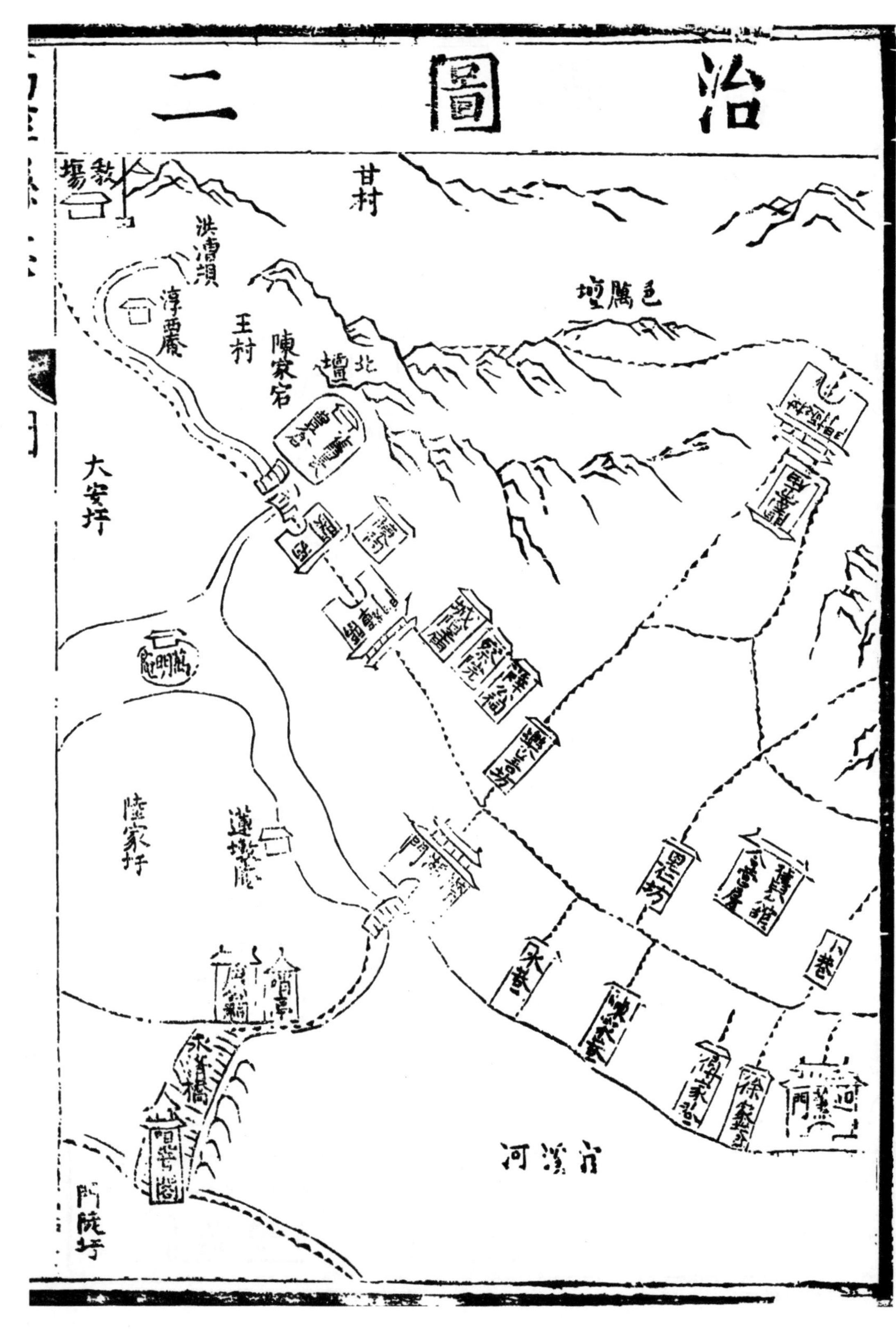
治圖二
教場
甘村
洪濟湏
淳西庵
王村
陳家宕
北壇
邑牘壇
大安圩
陸家圩
八巷
河溪官
門陡圩

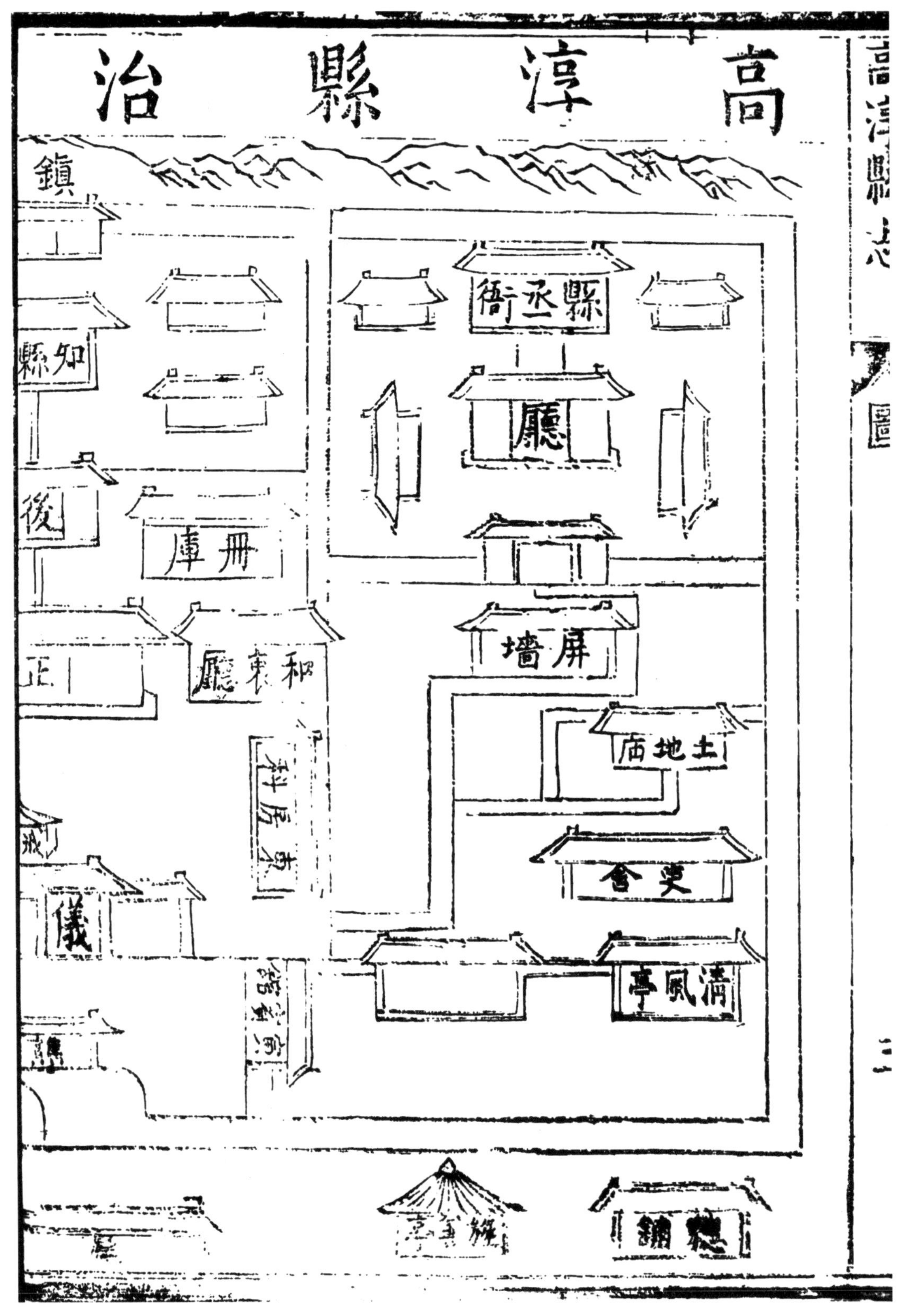
高淳縣治
鎮
知縣
縣丞衙
廳
冊庫
後
屏墻
和衷廳
正
土地庙
吏舍
儀
清風亭
總鋪
高淳縣志
圖
三

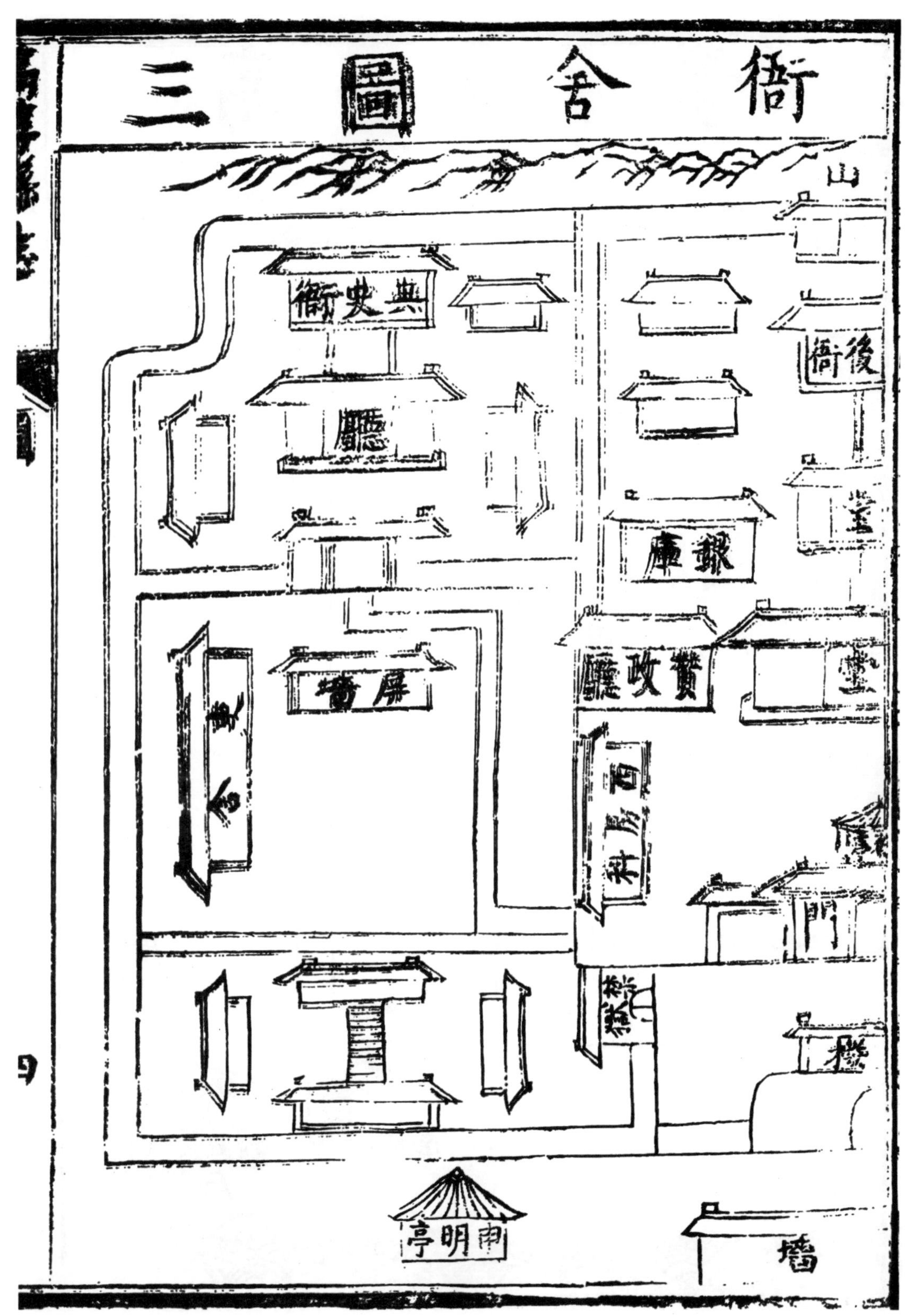
衙舍圖三
山
典史衙
廳
後衙
堂
銀庫
屏牆
贊政廳
堂
門
南明亭
牆

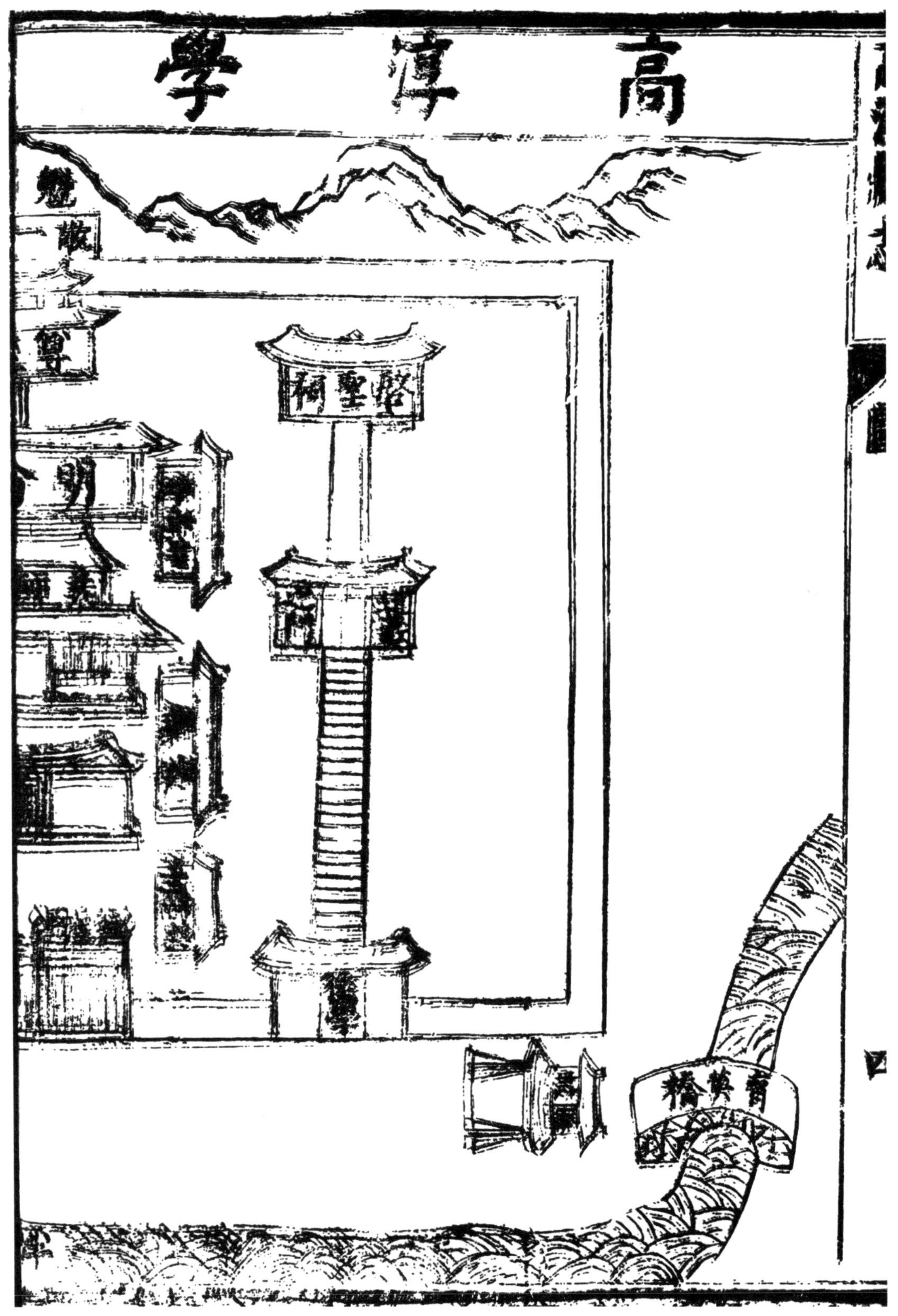
高淳學
啓聖祠

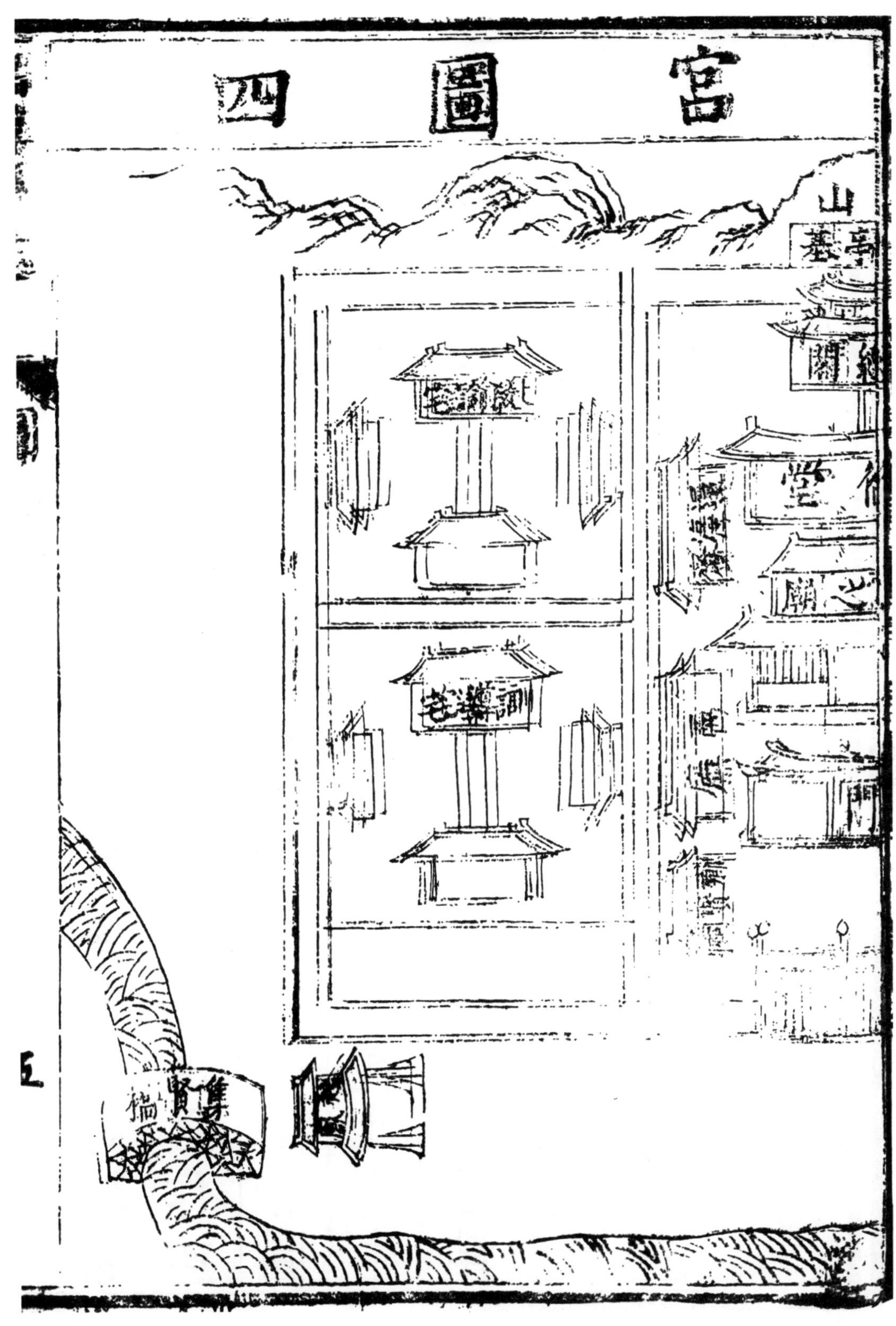
宮圖四
山
教諭宅
訓導宅
堂
廟
集賢橋

邑志舊圖詳溯而畧荒遠廣狹莫辨道路難稽閱者爲之茫然邑聯錢生謹擬方隅計道里作四境全圖一不遠畧冊當畧更作縣治圖一衙舍圖一澤宮圖一餘見詳冊當詳微之覽者觀此尺寸之壤環於巨浸之中凶歲者悲瘠土澤處者苦淫注惻然念之加以惠恤則撰圖者之苦心耳

邑庠增生鄭兆龍撰

新志凡例

一新志亟脩匪因歲年曠遠實爲我大清新政聿興事當紀載勿容少緩雖事重編多沿故帙

一圖考天下志乘之所宜有勿可闕略者江寧八屬淳爲割壤界鎮爲縣弘治迄今未備城墉以其境地坐底居然在是用列諸圖以備稽考

一舊志災祥恤典遺事沿革多屬虛妄茲考其有年月可稽者合今新增用纂成紀以示春秋寓

嚴之意

一志形勝山川無非備展卷者如列指掌淳則山孤水衆人有防潦虞淹之患農有修塌救坍之勞畝舊志於山川外又作水利一志俾守土者時加致意今以湖河溝港已見於水利者山川志内合宜刪省

一賦役淳邑漕糧幾倖改折少甦民困輕齎河工近蒙錫免倡始終事詞疏具在合攙前勞載諸末簡庶凡采傳以防別議以見

國恩

一節孝爲風化所關朝廷特重故有司申請撫按彙題旌門表里者自合傳志以勸來玆有未經上聞貧難湮沒者悉置不錄闡幽表微之謂何宜加覈實姑俟後詳

一藝文爲一方之文獻宜崇重表著以足徵者爲可不特類載輯若隨事附見似輕撰述而畧華采良非體法今用立[illegible]會名俾知詞藻之薈蔚邑里之人才

一志中編列行款皆是豎竿正文大字條達明直史冊羣書務從標目有不得已則分行小註曉明厥義庶展卷稽考卒便省覽勿憯楮板以儉篇章

一本邑七鄉周爰諮諏何止百里故老耆宿各有見聞秉公盧誠是在採訪如其掛漏勿咎總裁

修志名氏

知高淳縣事冀州紀聖訓裁正

福清林古度纂輯

縣丞淶水耿維已

儒學教諭金壇虞㙔

訓導績溪程嘉謨預修

典史會稽徐捷元校梓

邑人舊溫縣知縣王𦡱

湖州府通判王上林

高淳縣志 卷十四

太康知縣葛黄裳

宿州訓導胡汝往

舉人唐懋淳

吴會暐

徐　寅

援貢生徐　迅

邢振昴

孫　泰

貢生孔胤叢

邢[illegible][illegible]僑

生員唐明學

徐肇台

吳會蘭

張正栻

孔胤震

陳鳴雲

魏　台

邢　褒

邢夢泝採訪

稻清林 誌詮次

陳育初錄貟

高淳縣志卷之一

分野

天文諸書國有嚴禁惟志乘必載以其境地之臨屬分野而書之實爲地界弗關天文匪妄譚禍福煽亂人心也舊志所按諸說似涉聚訟要之一邑隸都會省郡猶太倉之一粟耳揆高淳之地原統揚州而分溧水應在斗女則亦非謬矧星經散失已久說天星者無可依憑多生臆議令人互相揣摩幾於不根先輩君子嘗有蓋載無異同天如許

地亦如許天實包地九州之外八埏之極豈不照臨乎邑在分屬作分野志

高淳古屬吳越爲斗女三星之分

天文斗分野出一統志

吳地斗分星紀之次出溧水古志

自斗十二度至婺星七度爲星紀於辰在丑出漢志

南斗十二度至女七度爲星紀須女卽婺女也出晉志

在天官於斗則吳之分野出通典

丹陽郡入斗十六度出晉書

南斗二十四度終女四度爲星紀之次 出唐書

沿革表

自古郡邑遞有沿革地以代名猶支屬于遡流窮源咸有所出高淳得縣自明弘治溧水分區以其雄鎮莫非王土虞夏商周以及春秋戰國乃離揚州而叚吴楚秦漢三國六朝隋唐五代繇宋元明始入我

清淳之爲縣其來遠矣亦何偉歟作沿革表

世　年　總隸　府　縣

唐虞

堯 八十一載 揚州

虞夏

舜 三十三載 揚州

商

湯 十八祀 揚州

周

武王 元年 揚州

景王 四年 吳 瀨渚邑

五年 吳 陵平邑

十六年 楚 平陵邑

敬王十四年 吳 平陵邑

元王三年 越 平陵邑

顯王二十七年 楚 平陵邑

秦

始皇二十六年 鄣郡 溧陽

西漢

高帝六年 荆國 鄣郡 溧陽

帝	年	州國	郡縣
武帝	元光六年	江都國	鄣郡溧陽
	元鼎六年	廣陵國	鄣郡溧陽
	元封五年	揚州	丹陽郡溧陽
元帝	建昭元年	揚州	丹陽郡溧陽侯國
新莽	天鳳元年	揚州	丹陽郡溧陽

東漢

帝	年	州國	郡縣
光武	建武元年		丹陽郡溧陽
昭烈	章武元年	吳	丹陽郡溧陽

吳

景帝永安七年揚州　丹陽郡溧陽

晉

武帝太康元年揚州　丹陽郡溧陽

宋

高祖永初元年揚州　丹陽郡溧陽

齊

太祖建元元年揚州　丹陽郡溧陽

梁

高祖天監元年揚州　丹陽郡溧陽

陳

高宗大建元年　揚州　丹陽郡溧陽

隋

文帝開皇九年　蔣州　溧陽

十一年　蔣州　溧水　縣之始

大業四年　丹陽郡溧水

唐

高祖武德三年　東南道揚州　溧水

七年　蔣州　溧水

唐 隋亡始			
高祖	武德八年	揚州	溧水
	九年	宣州	溧水 宣州卽今寧國府
玄宗	天寶元年	宣州	溧水
肅宗	至德二載	江西東道江寧郡	溧水
	乾元元年	江西東道昇州	
	上元二年	宣州	溧水
昭宗	大順元年	江南道昇州	溧水
吳			

宣王 武義二年 金陵府溧水

天祚二年 西都 金陵府溧水

天祚二年 齊國 江寧府溧水

南唐

烈祖 昇元二年 江寧府溧水

周

世宗 顯德六年 江寧府溧水

宋

太祖 開寶八年 昇州 溧水

眞宗天禧二年　江南路江寧府溧水

高宗建炎三年　江南路建康府溧水

端宗景炎二年　元　建康路溧水

元

世祖至元十七年　江東道建康路溧水

成宗元貞元年　江東道建康路溧水州　按元史元貞元年附二十五縣爲州溧水爲中等之州

文宗天曆二年　江浙行省集慶路溧水州

順帝至正十四年　明　溧水州

十五年　明　應天府溧水州

明

太祖洪武元年直隸 應天府溧水州

二年直隸 應天府溧水縣復爲縣

成祖永樂八年南直隸應天府溧水

孝宗弘治四年南直隸應天府高淳縣縣之始

大清

今上順治三年江南省江寧府高淳

邑紀

葢載之中無事弗紀天雲日星河嶽山川三紀五紀所從來矣邑之事會尤屬要焉凡災祥奇異沿革政事史冊必書歲時疊見者咸宜臚列勿得漏遺說文韻會編著曰紀志之所關紀烏庸闕繇邑紀

春秋時吳築固城爲瀨渚邑在今縣南十五里

周景五年辛酉楚子子圍陷固城吳移瀨渚邑於陵平山下名曰陵平圖考書四年溧水志書七年

十六年壬申楚子棄疾遣蘇洒為將敗吳軍取陵平更名平陵

敬王十四年乙未吳以伍員破楚燒固城其地復屬吳舊志書景王二十三年者誤

元王三年戊辰越滅吳有其地

顯王三十七年乙丑楚滅越地復屬楚

秦始皇帝二十六年庚辰以平陵始置溧陽屬鄣郡

漢孝武皇帝元封五年乙亥廢鄣郡置丹陽郡溧陽仍隸焉

後漢獻帝景耀三年庚辰吳主孫休作浦里塘開丹陽湖田

晉帝奕太和六年己巳大水禾稼傷

安皇帝義熙五年己酉溧陽雨雹

宋太祖文帝義隆元嘉九年壬申春溧陽雨雹傷人畜

十二年乙亥大水

二十四年丁亥大水

齊世祖武帝賾永明五年丁卯詔丹陽屬縣三年以前逋欠田租非中貲者悉原停

梁無考

陳無考

隋高祖文皇帝開皇九年己酉廢丹陽郡置蔣州溧陽隸之

十二年壬子析溧陽及丹陽故地置溧水縣屬蔣州

十八年戊午並溧陽入溧水

煬帝大業四年戊辰復以蔣州置丹陽郡溧水仍隸焉

唐高祖神堯皇帝李淵武德三年庚辰廢蔣州置揚州隸東南道溧

水不廢析縣東南境復爲溧陽

七年甲申復蔣州溧水仍隷之

八年乙酉復揚州溧水隷之是年隋始亡

九年丙戌以溧水改隷宣州宣州即今寧國府

玄宗明皇帝天寶元年壬午改宣州爲宣城郡溧水隷如故

肅宗皇帝至德二載丁酉以江寧縣置江寧郡溧水隷之

乾元元年戊戌改江寧郡爲昇州溧水仍隷之

上元二年辛丑廢昇州復以溧水隸宣州

昭宗皇帝大順元年庚戌復昇州溧水隸之

二年辛亥孫儒攻宣州軍屯溧水時楊行密領寧國軍遣將李神福拒之夜襲儒軍勝之

吳宣王楊隆演武儀二年庚辰吳王溥立改昇州爲金陵府溧水隸之

吳天祚三年丁酉徐知誥建齊國於金陵爲江寧府溧水隸之

南唐無考

周無考

宋太祖神德皇帝開寶八年乙亥正月敗江南軍於溧水江南主李煜降復改江寧爲昇州溧水隸之時南唐號國號曰江南

太宗皇帝至道三年丁酉旱免秋稅

眞宗皇帝大中祥符三年壬子江淮兩浙路旱水田不登遣使就福建取占城國稻三萬斛分給二路兼示種法今淳有倭稻卽此種穗長無芒蒔高仰處亦生蓋旱稻也

天禧二年戊午改昇州爲江寧府溧水隸之

神宗皇帝元豐元年戊午春旱

徽宗皇帝宣和七年乙巳侍制盧襄請罷舛陽石臼固城三湖圩田及言開銀林河爲非切務按是時田屬諸將相家及隸行宫不便塞河議卒不行銀林河由鄧步東壩可通舟至固城即胥溪河也

高宗皇帝建炎三年己酉置江東路改江寧府爲建康府溧水隸之

紹興二十三年癸酉以永豐圩田賜秦檜

孝宗皇帝乾道元年乙酉以永豐圩田賜都統司

理宗皇帝寶慶三年丁亥秋潦

景定元年庚申十一月倚閣溧水苗稅

二年辛酉六月倚閣溧水苗稅

三年壬戌經界溧水民田

四年癸亥蠲苗稅

度宗皇帝咸淳二年丙寅夏霪雨連月遣使賑濟

恭皇帝德祐元年乙亥元兵發建康由西道趨溧水

率高興破東壩至護牙山豐慶圩

二年丙子元設達魯花赤於溧水位出縣尹上

端宗皇帝景炎二年丁丑元改建康府爲路溧水隸

之

元世祖皇帝至元十八年辛巳立淘金戶總管於建康以溧水民戶五千充淘金役公私苛取民患之

二十四年丁亥罷淘金戶役

成宗皇帝元貞元年乙未陞溧水爲中州

武宗皇帝至大元年戊申蝗

文宗皇帝圖帖睦天曆二年己巳改建康路爲集慶路溧水隸之

順帝元統二年十月甲戌詔免今年田稅之半

至正十二年壬辰江淮盜起陷溧水也先帖木兒帥

兵復之
十五年乙未六月明兵克太平徐達取溧水州州官
鐵同知率民楊洪等降
十六年丙申明兵克集慶路改爲應天府溧水隸之
二十一年辛丑明置溧水州茶局
明太祖高皇帝洪武二年己酉正月詔免今年稅糧
是年改州爲縣
三年庚戌三月免今租稅
五年壬子十月詔免今年秋糧

八年乙卯八月大旱

九年丙辰二月詔免今年二稅

十一年戊午八月詔免秋糧

十二年己未五月詔免今年秋糧

十四年辛酉十月詔今年秋糧官田減半民田盡免

十五年壬戌四月詔以應天今年夏秋稅糧除官田減半入官民田盡行蠲免

十六年癸亥五月詔免今年稅糧

十九年丙寅六月詔應天民年八十以上賜爵里士

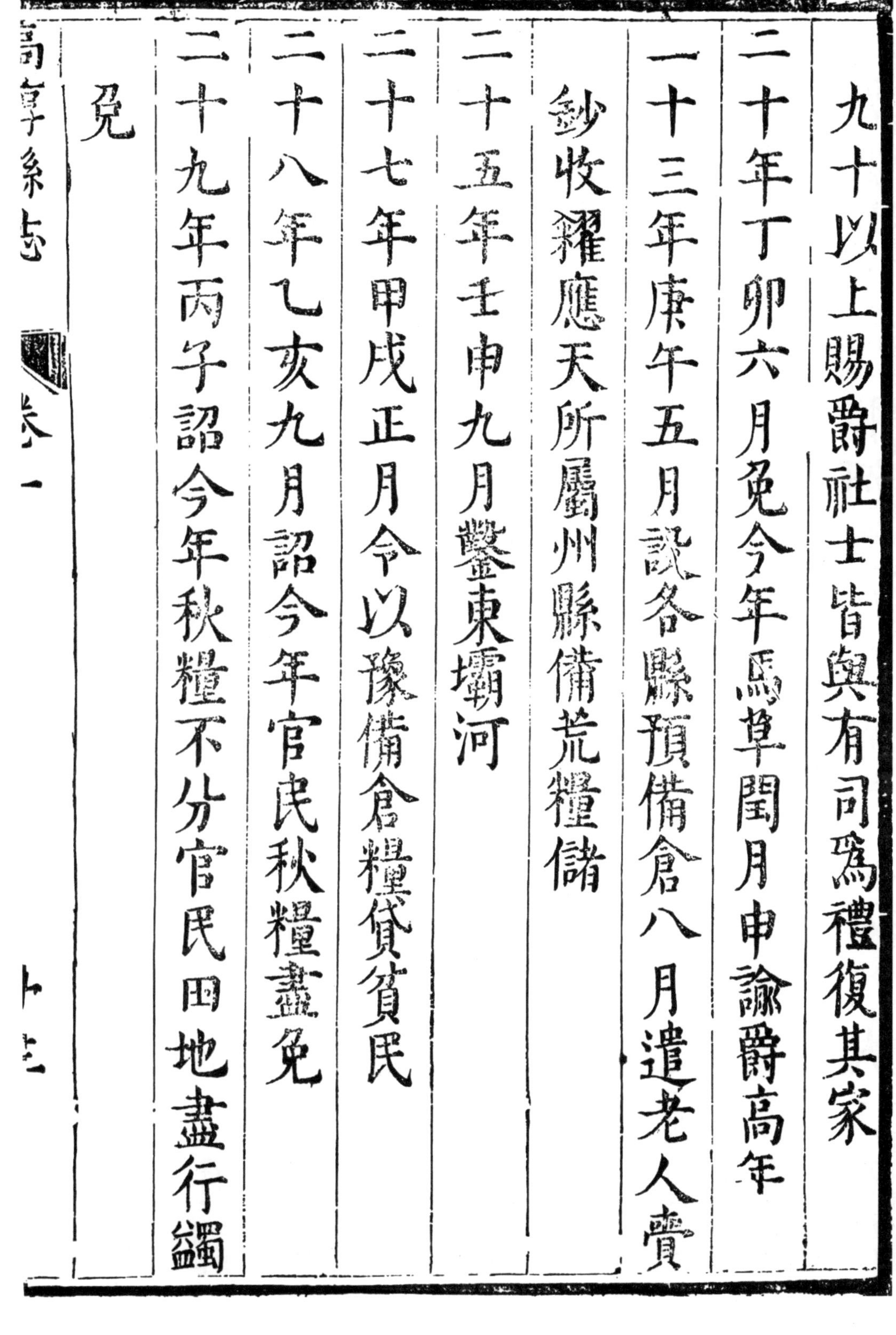

九十以上賜爵社士皆與有司爲禮復其家
二十年丁卯六月免今年馬草閏月申諭爵高年
一十三年庚午五月設各縣預備倉八月遣老人賫
鈔收糴應天所屬州縣備荒糧儲
二十五年壬申九月鑿東壩河
二十七年甲戌正月令以豫備倉糧貸貧民
二十八年乙亥九月詔今年官民秋糧盡免
二十九年丙子詔今年秋糧不分官民田地盡行蠲
免

建文君建文四年壬午成祖入金陵工部右侍郎黃福言應天五府例免秋糧歲召役其丁夫一月詔曰五府州興王之地先帝特加優恤頃以兵興煩於供給今方未寧未宜勞之宜蠲今年之役

成祖文皇帝永樂元年癸未四月設溧水廣通鎮閘壩置官一員初溧水民言溧陽溧水窪下數罹水患乞於廣通鎮置閘以備瀦泄遣人視之還言二縣水由固城湖上納寧國廣德諸水每遇霖潦即注縣境且胭脂河與石臼湖諸水不入大江而奔

注蘇松皆被其患宜於胭脂山廣通鎮及固城湖
口二處築閘壩設官掌之為便從之冬十一月罷
遣浚河民夫
十三年乙未九月大水
仁宗昭皇帝洪熙元年乙巳正月遣官巡行應天察
民利病
章宗宣皇帝宣德九年甲寅大旱民間飢者甚衆
景皇帝景泰元年庚午大水平地三尺
八年丁丑水

英宗睿皇帝天順八年甲申水

憲宗純皇帝成化元年乙酉七月勑應天巡撫賑濟

饑民停府屬解馬以水災故

四年戊子夏大旱

六年庚寅四月大水免稅

十八年壬寅巡撫尚書王恕以官田糧重民田輕蒸

淮將府屬官田減耗民田出斛米補官田原額

二十一年乙巳秋大旱

孝宗敬皇帝弘治元年戊申大旱

四年辛亥置高淳縣屬應天府按高淳昔爲鎮去溧水一百二十里是年府丞冀綺以地曠難制奏割爲縣初擬名淳化欽定高淳

六年癸丑冬連雨雪

七年甲寅夏大水九月大風屋瓦俱落

十六年癸亥豁除種馬民戴之

武宗毅皇帝正德三年戊辰旱府帖發豫備倉賑饑

四年己巳旱賑饑如之六月空中有聲自北來如數萬甲兵踰月方止冬大雪樹皆枯死

七年壬申增築東壩三丈湖水之患自此始是年明倫堂火

十二年丁丑水減免勸米及馬草
十三年戊寅水減免如之發豫備倉穀賑饑
十四年己卯大水詔發官帑銀一千三百二十五兩
賑饑
世宗肅皇帝嘉靖元年壬午府屬水災減田塲租稅
二年癸未大旱遣侍郎席書賑之仍蠲馬價及減勸
米馬草
三年甲申正月朔地震有聲自春至夏疫癘大作死
者相枕於道是年撫臣吳廷舉奏准宣城代高淳

驛傳補養馬之費

八年己丑大水

十年辛卯大水没民居

十三年甲午大水

十六年丁酉大水是年撫臣歐陽鐸奏准均攤田賦

始秋糧帶徵里甲

十八年己亥大水七月蝗生厚數寸飛蔽天已而霽

遯三日蝗盡死浮於湖數十里

二十三年甲辰旱

二十四年乙巳大旱湖水竭民食盡死者相望

三十九年庚申大水潰諸圩民竄盡冬樹冰

四十年辛酉大水舟入市

穆宗莊皇帝隆慶二年戊辰大水

三年己巳裁革糧馬二簿許家埠牛兒港河泊所是

年奏行一條鞭法丈量田畝

四年庚午水

神宗顯皇帝萬曆二年甲戌秋大水九月圩破穀不

登

三年乙亥奏行一條鞭著爲令甲是年夏旱

四年丙子螟

七年己卯大水六月黑雨雨蟲獎立信鄉魏昔年一百一歲

八年庚辰三月縣西北地震夏大水民饑食榆皮

十年壬午水

十一年癸未三月雹如彈有年

十三年乙酉地震人立者仆

十四年丙戌大水

十五年丁亥六月大雨彌旬圩盡潰僅相國太倉門
陡三處無壞民舍蕩没哭聲徧野詔蠲水田租
十六年戊子旱大疫道殣相望斗米錢二百府丞許
孚遠臨勘圩埠奏請帑金八千兩脩築民利賴之
詔蠲秋糧一半仍遣科臣楊實賫帑金賑饑
十七年己丑五月至八月不雨民興訛言相震恐
十九年辛卯大水
二十年壬辰雨蓮實
二十一年癸巳四月麥兩穗十月雹稻偃泥中

二十四年丙申八月地震

二十五年丁酉五月地震秋螟

二十六年戊戌正月雨墨水三月大雨圩田沉没禾勿蒔麥不可食食之畜吐八月塘水躍起數尺湖水盡東忽盡西見其底稱水鬭

二十七年己亥麥秀兩岐

二十八年庚子大水

三十一年癸卯春花山產芝六月丹陽湖蓮開並蔕

三十二年甲辰春遊山彩雲見食頃散四月麥雙岐

夏城西雨粟十一月九日戌時地震

三十五年丁未十月雨血沾衣有色十一月地震十

二月大雪盈數尺

三十六年戊申大水民棲縣署歲大饑知縣宋祖騰

賑活多人尋詔優恤

四十年壬子閏十月二十九日無風夏嘉塘水湧數

尺午申始平

四十二年甲寅鼠數萬入湖

四十三年乙卯山東婦子來鬻染民疫

四十四年丙辰七月十二日蝗蔽天八月六日雨雷
蝗東去
四十五年丁巳大旱蝗至是年春雀啄花蕊盡
四十七年己未蝗食苗民建醮官遣捕盡
四十八年庚申蝗蔽天勿害是年豐
熹宗哲皇帝天啓三年癸亥冬十二月廿二日地震
有聲屋宇傾水泛溢是年崇教鄉民陳錫妻王氏
年一百歲
四年甲子地震大水圩盡潰知縣以災聞

七年丁卯雷雪交作

毅宗烈皇帝崇禎六年癸酉冬樹冰成甲冑越旬解

八年乙亥詔無城郡邑建城高淳瀕水不可以城民無費知縣方廷湣詳寢之

九年丙子蝗入境遺蝝

十年丁丑下壩決

十一年戊寅大旱蝗道殣

十二年己卯二月雨黑水四月蝗食秧田勿蒔大旱

十三年庚辰旱圩田有秋二月地震有聲虎度檀溪

伏東林越一日渡固城湖
十四年辛巳大旱蝗四月至十一月不雨疫癘作饑
民就山取白土充食名曰觀音粉李樹生物如瓜
十五年壬午蝗大水西沙人面鳥見遊山鄉孔姓家
价婦產連下六子不育虎見永豐殺之
十六年癸未河城圍橡樹開桃花六月大旱人爭汲
致斃冬十一月至前雷電不已
十七年甲申五月尋真舖雨黑鯉食無異惡風雷繆
家山積黑蛇千頭旋腐

皇清今上皇帝順治二年乙酉二月大風拔木五月
大兵至江南高淳知縣李素去之縣丞屠大棟歸
附
征南大將軍豫王劄貢士呂福生署縣事以亂亦
尋遣貢士丁啓泰來治是年
詔免今年稅糧十之八民戴之
三年丙戌改南京爲江寧省應天府爲江寧府高淳
仍隸之夏蓮開並蔕
五年戊子麥秀兩岐間鼎岐

六年己丑二月雨黑水四月甘露降官路至小麓凝

杇柘葉如飴

七年庚寅地震八月十日

恩詔民間拖欠錢糧前詔已免元二三年今再免四

年一年已徵在官仍速解部不得借口民欠侵漁

八年辛卯二月地震八月大水穀無登水去禾復生

秀雙穗仍有年

恩詔五年以前民間拖欠錢糧悉與豁免知縣崔掄

奇申請永折守道林天擎詳按院上官鉉特疏得

報

九年壬辰旱

十年癸巳四月四日雹所至深五寸麦傷

十一年甲午有秋

十二年乙未有秋

十三年丙申四月官墩麦兩穗是年知縣紀聖訓詳

新學校請輕齊河工銀三千兩獲釆免

高淳縣志卷之二

官制考

縣之設官等子男之國教而為宰有大宰治都鄙小宰掌建邦昭帝紀郎官出宰百里故中都武城皆曰宰後漢紀淳上疏云守宰數見換易未足昭見其職是官制亦無常也至唐曰令元曰達魯花赤位在縣尹上明洪武二年設知縣故
朝因之制其定矣佐貳學職從之

明弘治四年初設縣

知縣一員正七品月俸米七石五斗

縣丞一員正八品月俸米六石五斗

主簿三員正九品月俸米五石五斗萬曆三年裁革

典史一員未入流月俸米三石吏二十一名

學職

教諭一員未入流月俸米三石

訓導二員未入流月俸米三石司吏一名

生員廩膳二十名增廣二十名

屬職

廣通鎮巡檢司巡檢一員　司吏一名

廣通鎮壩官一員正德七年裁革

牛兒港河泊所官一員隆慶三年裁革

許家壆河泊所官一員隆慶三年裁革

陰陽學訓術一員

醫學訓科一員

國朝

知縣一員

縣丞一員

典史一員

學職

教諭一員

訓導一員

生員廪膳二十名增廣二十名

屬職

廣通鎮巡檢一員

陰陽學訓術一員

醫學訓科一員

僧會司僧會一員

道會司道會一員

官師表

周官列職首重牧民漢代循良用登史傳代興時變繼起頻仍其來舊矣淳之置邑地匝三湖師長大夫尤難厥選歷蒞茲土姓氏蟬聯例得盡書賢能政行不無差别因人立傳表而勸焉作官師表

明

知縣　縣丞　主簿　典史

弘治

宋澄 臨海人由舉人六年任

錢瓛 烏程縣人由監生六年任

孟晟 益都人吏員六年任

王津 臨海吏員六年任

劉傑 潞縣人由舉人十年任

單璧 固始縣人由監生十二年任

王海 任丘吏員七年任

孫文 潁川吏員九年任

林琦 建寧縣人由舉人十二年任

劉景 蠡縣人由監生十五年任

宋麟 濟南吏員十二年任

熊吉 臨川人由進士十六年任有傳

張吉 桃源監生十五年任

正德

李岫 兖平縣人

吳璘 魯山縣人

劉眞 博野

胡大寧 建昌吏員

由舉人三　山監生元　吏員元　元年任
年任　年任　年任
王廷相嵩縣人由　王鏜山東護衞　劉芳成都　彭檜安縣人五
進士以給　人由監生　監生二　年任
事中左遷　四年任　年任
四年任尋
陞御史
閻茂洛陽縣人　閻相渭南
由舉人五　由知印
年任　五年任
黃大源莆田縣人　閻宗禮清豐
由進士七　監生九
年任丁憂　年任
頓鋭涿鹿左衞　廖威興山縣人　王居正臨晉　游邦進麻城吏員

人由進士　八年任　施懋東陽縣人　由舉人十　年任　陳艮山莆田縣人　由舉人十　四年任

由監生八　年任　何天衢湖廣監生　十年任　馬雲丹陽人監　生十五年　任

監生九　年任　柴清邵武　監生十　一年任　徐琺山東　監生十　三年任　徐升雄縣　監生十　四年任　王[illegible]時羅田　監生十　五年任

八年任　張緒靈石吏員　九年任　胡輝莆田吏員　十一年任　陳濬源福清吏員　十二年任

嘉靖

劉啓東 羅山縣人 由舉人二年任有傳　董裕 山西 監生元年任

胡愷 餘姚縣人 由舉人五年任　袁昂 東明縣人由監生

伍鐙 晉江縣人 由進士七年任

祝廷玉 侯官縣人 由舉人十一年任　崔廷弼 由歲貢十二年任有傳　曾堡 德州人由吏員

劉汀 南宮縣人　周鼎 浙江人

由進士十五年任

陶秀南城縣人由舉人十六年任　易文臨川縣人　劉繼昇德州人由吏員任

甘惠崇陽縣人由舉人十九年任　王思仁山東人　楊楨二十年任

胡儒由舉人二十二年任有傳　王楠北直隸人　張環二十三年任

黄餘慶安義人由舉人二十六年有傳　張璁景州人由吏員　方標二十六年任

王杰 烏程縣人 由進士三十一年任

潘湜 上虞縣人 由監生任

陳紹 會稽人由吏員三十二年任

程江 金華縣人 由選貢三十二年任

黃木 餘姚人三十五年任

黃德裕 浮梁縣人 由舉人三十五年任

王大濩 鄞縣人三十八年任 有傳

方沂 浮梁縣人 由舉人三十六年任 有傳

龔學書

陸隅 烏程縣人 由舉人四十一年任

薛夢李 嘉善人 由舉人四十二年任有傳

夏時

李德望 新淦縣人 由舉人四十四年任有傳

鄧楚望 麻城人 由進士以給事中謫尋擢本縣

貢以貞

隆慶

鄧楚望 縣丞陞二

王伯璁 永豐縣人

段以中 陽穀

年任有傳

由吏員三年任

縣人由監生

江和　進賢縣人　由進士六年任

姚志學　永年縣人　由監生六年任

萬曆　夏大勳　饒平縣人　由舉人元年任有傳

張佐治　平和縣人　由進士三年任有傳

李鷥鳴　義烏縣人　由監生三年任

謝鵠　萬曆三年任

王體升　錢塘縣人　由舉人四年任有傳

翁伯欽

李永 荊門州人 由舉人八年任

張淳 河間縣人 由監生七年任

邵立舜 滄州人

董良遂 京山縣人 由舉人十年任

顧行 錢塘縣人 由監生十二年任

錢庶 秀水人 十二年任

董岐鳳 石屏州人 由舉人十四年任有傳

董文煌 由歲貢十七年任

劉承 麻城人 十六年任

劉煬 山陰縣人 由選貢十七年任有

王寓匯 浙江人 由監生三十[illegible]任

陳乳昭 惠安縣人 二十年任

傳

丁日近晉江縣人由進士二十一年任

艾有駱莱陽縣人由監生二十四年任

甘則孔蒼梧縣人二十三年任

趙瑄臨安縣人由舉人二十六年任有傳

唐熙載曲周選貢二十七年任

黃務廬陵人二十六年任

項維聰永嘉縣人由進士三十年任以治繁調自望江有傳

王景曕淳安縣人由吏員三十年任

鍾萬春贛縣人二十九年任

宋祖騰 莆田縣人由進士三十五年任陞南戶部主事有傳

晏朝賓 雅州人由選貢三十二年任

田濟國 靈壽縣人三十二年任

沈化 廣平人由舉人三十八年任

張鍾 湖廣人由貢監三十五年任陞經歷

虞漢卿 浙江人由吏員三十八年任

黃名卿 建昌縣人由舉人三十九年任

張應麟 福建人監生三十八年任

李逢春 江陰人由吏員四十一年任

瞿登儁 富順縣人由進士四十五年任

周易升 福建人監生四十一年任

楊遇時 杭州人由吏員四十四年任

調休寧縣去有傳

龔廷華 江西貢生四十四年任陞經歷

李允任 福清縣人由舉人四十七年任有傳

周汝慧 北直人南貢生四十七年任　朱建寧 浙江人由吏員四十七年任

泰昌

譚經濟 石屏州人由舉人四十八年任　詹應禎 浙江人由吏員元年任

天啓

陳璧 商城人由舉人五年任有傳

徐大齡 浙江監生二年任陞衛經歷　張元徵 陝西人由吏員三年任

莊鐸 桂林縣人

陳安國 浙江貢生　徐學中 江西人由

由舉人六　五年任陞　　吏員六年
年任陞常　衛經歷　　任
州海防同
知有傳
崇禎
梁一孚樂清縣人　陳禹德浙江人由　　李庚星河南人由
由舉人三　監生元年　　吏員元年
年任　任　　任
黃仲謙南昌人由　費雲鳳江西選貢　　鐵之鑾廣信人由
舉人五年　三年任陞　　吏員三年
任　府經歷　　任
杜騁世安化縣人　張學周四川人由　　楊君仁肇寧人由
由貢士七　選貢六年　　吏員六年
年任　任　　任
方廷滔浮梁縣人　鄧美充浙江人　　伍倫正延平人由

由進士八年任陞南禮部祠祭主事有傳
周光霽 武康縣人由舉人十二年任陞陝州知州有傳
李素 宜春縣人由庚辰特用進士十六年任

貢生八年任
羅一蘇 雲南人由選貢十年任
趙文徵 紹興府監生十三年任陞經歷
沈天梁 嘉興府監生十六年任陞經歷

吏員九年任
陳萬銓 紹興人由吏員十二年任
朱國信 金華人由吏員十五年任
劉時泰 懷慶人由吏員十七年任

屠大棟會稽縣人由都吏十七年任

郝澄河南人由吏員十七年任

國朝

知縣　　縣丞　　典史

順治

呂福生山陰縣人由貢十二年委用

屠大棟會稽縣人由都吏二年任陞大同經歷

徐榮清上虞縣人由吏員二年任

丁啓泰永城縣人由功貢二年委後題實授

吳之艾山陰縣人由監生六年任

崔掄奇夏邑縣人由進

孫旭芳山陰縣人由監

十四年任陞　生八年任陞
[illegible]　廣東[illegible]
紀聖訓[illegible]津縣人由貢十年任　耿維巳[illegible]縣人由歲貢十二年任　徐捷元[illegible]縣人由吏員十二年任

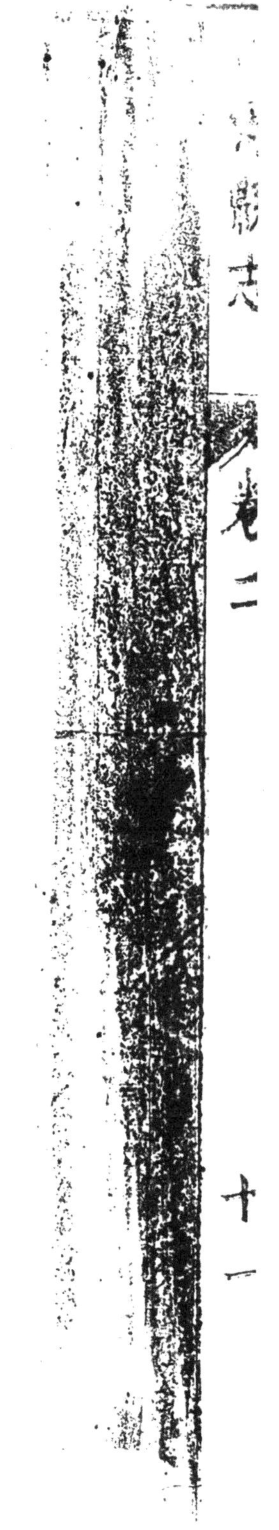

學職

明

教諭

弘治 陳貴 歸善縣人由監生十一年任

項覺 青田縣人由監生十三年任

江增 常山縣人由監生十六年任

訓導

張圩 山陰縣人由舉人八年任

徐遵 固始縣人由監生十六年任

訓導

劉大本 內江縣人由監生八年任

正德

王輔　歷城縣人由監生元年任

干鳳　新淦縣人由舉人三年任祀名宦有傳

鄧富　寧都縣人由監生四年任

江純　貴溪縣人由監生四年任

徐一夔　山陰縣人由舉人七年任

楊德脩　長壽縣人由監生八年任

姚文林　莆田縣人由監生九年任

楊學書　武定州人由舉人

姚[illegible]　貴州都勻衛人

劉滔　奉化縣人由監生陞

人十一年任　由監生十年　任　一年任

黃豫侯官縣人由舉人十四年任　俞槩桐廬縣人由監生十五年任　吳期暢永新縣人由監生十六年任

嘉靖

賈宗魯嶧縣人由監生二年任　潘佐烏程縣人由歲貢　饒廷用華容縣人由歲貢

楊衫武陵縣人由舉人　蔡階金溪縣人由歲貢　朱宏南城縣人由歲貢

張鑾錢塘縣人由舉人　鍾憲鼎萬載縣人由歲貢　柴芝江山縣人由歲貢

楊　暉侯官縣人由舉人　謝　魁連城縣人由歲貢　徐　錦均州縣人由歲貢

徐　圭錢塘縣人由舉人　錢相儒德清縣人由歲貢　徐公輔開化縣人由歲貢

蔡　芳沔陽州人由歲貢　劉本仁上洋縣人由歲貢

漆　煌新昌縣人由歲貢　劉　紱泰和縣人由歲貢

胡乂心仁和縣人由舉　張尚賓萬安縣人由歲　宋　寅漢陽縣人由歲貢

人　貢

劉禹龍東莞縣人由舉　查熹星子縣人由歲　封學東莞縣人由歲貢

人　貢

劉松孝感縣人由歲　施伯祢直隸宿州人由　李亨陽安縣人由歲貢

貢　歲貢

李九成貴溪縣人由歲　潘思化山陰縣人由歲

貢　貢

陰慶　李應蛟錢塘縣人由舉

人

萬曆

陳道錢塘縣人由歲貢　保光先欒縣人由歲貢　方文明歙縣人由歲貢

陳汝霖內江人由舉人　羅泮新城縣人由歲貢

傅之德吳縣人由舉人八年任　鄭儒西安縣人由歲貢有傳　黃兆熊吳縣人由歲貢十年任

焦廷魁太平縣人由歲貢十四年任　衞可徵山陽縣人由歲貢十三年任有傳

楊勝梧宜賓縣人由舉　龍守禮蕪湖縣人由歲　王文炯涇縣人由歲貢十六

人十五年任

陳儆桐城縣人由歲貢十八年任

廖鷴靈川縣人由舉人二十一年任有傳

時大來虹縣人由歲貢二十一年任

唐三省含山縣人由歲貢二十二年任

孫如塤恩縣人由歲貢二十八年任

劉崇豐縣人由歲貢二十六年任

許夢龍長州縣人由歲貢虞城知縣改授三十一

沈文淵貴州興隆衛人由選貢二十七年任

年任

凌子儉歙縣人由舉人三十二年任

張大行廣德州人由歲貢三十年任

朱國棟蘇州人

王同祖直隸通州人由貢士二十九年任

吳鼎臣建寧人由貢士

吳濤蕪湖縣人由貢士四十二年任

陸時選蘇州人由舉人四十六年任

王鼎欽長洲人由貢士

天啓

王三傑懷寧縣人由舉人元年任

許爾芳歙縣人由貢士

辜大方江西人由貢士陞 陞知縣

李大戴永嘉縣人由貢士三年任

孫在憲貴池縣人由貢士五年任

許大成歙縣人由貢士六年任

李章玄廣信府人由舉人七年任

施承芳青陽縣人由歲貢七年任

俞應試繁昌縣人由貢士七年任

崇禎

張其蘊沛縣人由舉人三年任

趙三祝廬州人任

丁煜鳳陽人由貢士三年

郭維藩豐縣人由貢士

莫天洪

祖大明遼東人由貢士五年

五年任　任

曾裕泰和縣人由舉　許昌緒寶應人由貢士

人八年任

趙碩來溧縣人由舉人

十年任

汪鉉安慶人由舉人

十四年任中

癸未進士

李長似興化縣人由舉　實胤茂貴州人由選貢

人十六年任　十六年任有

傳

國朝

教諭　　訓導

順治

楊世寶　建寧縣人由舉人二年任　吉甫　丹陽縣人由貢士二年任

束時泰　丹陽縣人由舉人五年任　徐應星　江陰縣人由貢士四年任

曹承芳　靈璧縣人由貢士七年任　于越　金壇縣人由貢士七年任

虞嵰　金壇縣人由舉人九年任　嵇嘉謨　績溪縣人由貢士十三年任

屬職

明

巡檢

萬曆奉召 道州人十三年任　陳繼宗 秀水縣人十六年任

厲應奎 餘姚縣人十八年任　劉必遠 青城縣人十九年任

陳賓 博野縣人二十四年任　徐志樂 饒平縣人二十七年任

汪惟清 蘭溪縣人二十九年任　劉尚耿 定海縣人三十一年任

陳其英 福建人三十三年任　朱國忠 浙江人三十七年任

王尚才 江西人四十年任　樊錦 湖廣人四十三年任

宋向忠山東人四十七年任

天啓陳尚方四川人二年任　魏仲學浙江人五年任

崇禎戴天泰浙江人元年任　唐世延浙江人五年任

丁維誠浙江人九年任　潘國棟浙江人十三年任

毛啓潛江西人十六年任

國朝

順治鍾仕洪北直人三年任　李之榮浙江人六年任

高淳縣志卷之三

薦辟考

上古帝王興邦奠國別無他道惟有用人故舉爾所知因材特選巖居穴處遠拔遐蒐幣帛弓旌登庸勸駕共爲鶚薦咸若鵬搏淳邑登辟正平

清朝自多元直作薦辟考

宋

夏　俊仁宗時任浙江參政

夏德成仁宗時任青陽知縣

王景雲咸淳間任青流縣主簿

田載紹興間任監縣主簿

葯毓高宗時任樞密使封中山府君

張永初建炎間官至簽樞密院

元

劉應鼎至元間累官國子祭酒

王均容至元間任廬州知府

周禄二任太平路判官

周景任常州路學正

孔文昱 大德間辟爲浙西廉訪使

明

劉穆 洪武初以獻策授溧水州判陞江西省郎中加奉訓大夫

魏澤 洪武初以明經被徵累官刑部尚書見義士有傳

劉楧 元江南行臺御史薦除常州學正陞常山縣丞洪武初徵授蕭山知縣

袁麗融 洪武初以明經授東陽知縣

王宗禮 洪武初由人材任漳浦縣主簿調寧新縣

夏瓊 洪武二十三年以經明行脩薦任嘉興知府有傳

李旭 洪武二十三年以人材任武寧知縣

甘霖洪武二十九年以材優德贍授浙江參政陞江西布政使有傳

桂子淵永樂十年由楷書任岐山縣丞

趙澄永樂十年由人材任永嘉知縣

邢興永樂二十三年由人材任紹興知府

史謙景泰間任永豐縣主簿東岡村人

徐一鵬崇禎間以經明行脩御史盧象昇薦用未授

陳鳴鋒崇禎間以經濟薦爲河南府監紀通判

國朝

科貢表

國家取士自是右文科貢途開才賢畢集雲蒸霞蔚鳳綱麟羅治化江南代興淳邑舊新俊彥先後登庸從答賓興於今爲盛動多射策繼以明經儲他日之夔龍在一時之奔駿作科貢表

宋

進士 弘治前見溧水者屬淳產例得書　　舉人

劉縮 紹聖甲戌年畢漸榜官至安撫使見忠節傳

魏良臣　宣和辛丑年何涣榜官至參知政事
祀鄉賢有傳

魏師遜　紹興戊辰年王左榜官至僉書樞密
院事

吴柔勝　淳熙辛丑年黃由榜官至秘閣脩撰
祀鄉賢有傳

吴淵　嘉定甲戌年袁甫榜官至參知政事
祀鄉賢有傳

吴潛　嘉定丁丑年第人官至左丞相祀周

省　嘉定己卯鄉試第二甲進士

鄉賢有傳

周省 嘉定庚辰年劉渭榜累官翰林大學士謚文裕

劉鳳 嘉定壬午年傅行榜官至翰林編修學士

劉應炎 咸淳閒陳文龍榜任臺諫謫景陵縣有傳

王先辛 咸淳丁卯科

劉愈 咸淳甲戌授安倫知縣有傳

元

劉　梓泰定甲子張益榜任至廉訪司使　劉　泳延祐丁巳中浙省

劉　鎬延祐乙卯張起巖榜任御史有傳

史應之至元間

明

進士　舉人　歲貢恩拔選監

洪武　孫　讓庚辰科知縣　劉　德己酉科任清水　劉彥宣授溧水縣教諭

杭　濬癸酉科任御史

朱　旭己卯科任泉州

府判

夏濂　己卯科任教諭

孫讓　己卯科見進士

永樂

王琮　丙戌科任雲南道御史

王琮　乙酉科見進士

夏泰　任黎平府經歷

許英　見進士

張濟之　廿年貢任沂陽丞

許英　戊戌科任知縣

魏組　辛卯科任西安縣主簿

李應庚　十二年貢任工科給事中

陳紀　癸卯科任遂王府長史陞審理

傅安 辛卯科任戶部員外

正統

徐金 甲子科任太原府判

景泰

夏誠 任海寧衞經歷

孫泰 任南京兵馬指揮陞嘉定州知州

天順

孔敏 任武陵縣教諭

魏寧 任新安縣訓導

成化

陶　鑑　乙酉科　谷　森　七年貢茂山衛知事

夏　華　十一年貢任固城縣

教諭

夏　宇　十三年貢任柳州衛

經歷

朱　錡　十五年貢任宣武衛

經歷

陶　峻　十七年貢

弘治

周　鉞　乙未科任知縣　夏　輯　己酉科知沙縣　楊　誂　元年貢任天津衛武

宿州籍　改任瑞安曲江縣有傳　學訓導

周　鉞　戊子科中宿州　夏　翀　三年貢

見進士　李　杲　七年貢任南城縣訓

導

錢　啟　八年貢任經歷

湯景賢　九年貢任訓導

王　賓　十年貢任訓導

徐　恭　十一年貢

夏　校　十三年貢任寧遠縣

楊輗十五年貢

張坤十七年貢任開州同知加授台州同知有傳

沈顯榮十八年任訓導

正德

趙守庚午科任登州府教授

陸庸二年貢任分寧縣訓導

孫頎三年貢任宛平知縣

王釗五年貢

陳環七年貢

胡容　九年貢任邵武縣訓
導
劉鑑　十一年貢任江山縣
訓導
芮銑　十三年貢任訓導
張价　十四年貢任漳州府
判
李潮　十五年貢任舊州知
縣

尚　誥十六年貢任長垣縣

訓導

嘉靖

韓叔陽丁未科官至湖廣副使有傳

韓叔陽丁酉科見進士

張　傑元年貢任汝甯審理有傳

柳　江二年貢任石城縣知縣調寧津知縣有傳

張　億四年貢

朱　珩六年貢

魏　鏜八年貢任泗水教諭

有傳

張蘊 庚戌科官至山西副使有傳

張蘊 己酉科見進士

周愼 十年選貢任蘄水知縣有傳

張應亮 己酉科官至御史四川僉事有傳

邢世爵 十一年貢

魏廷輔 十三年貢任縣丞

黃鎰 十五年選貢鄖西知縣

韓孜 壬子科官至刑部郎中有傳

夏寧 十七年貢任餘干縣教諭有傳

陳九思十九年貢任新鄉縣知縣調靈川縣有傳

朱柏二十一年貢

韓邦憲戊午科見進士

周卿二十二年貢有傳

湯璽二十三年貢任仁和縣教諭

石清二十五年貢

韓邦憲己未科任衢州府知府有傳

夏耀二十七年貢

邢繼本辛酉科中順天任衛輝府推官有傳

張蒼二十九年貢任崇仁

縣丞有傳

張　贊　三十一年貢任龍游縣丞有傳

陳九德　三十三年貢

張　著　三十五年貢任均州知州有傳

韓　棟　辛酉科以安慶衛籍中任江夏知縣祀江夏名宦祠

陳九齡　三十六年貢任宜春知縣有傳

陳九成　三十八年貢任淄川

縣丞有傳

周　庠　三十八年貢任縉雲縣教諭

劉　諍　三十九年貢任輝縣教諭

陳九儀　四十年貢任紹興府判有傳

張　濩　四十二年貢任襄陽府教授

邢夢珂 四十四年選貢任慶元知縣

隆慶

張應圖 元年貢任政和知縣有傳

孫夢龍 二年恩貢任興寧知縣陞廣西府判有傳

柳夢陽 四年貢任汝寧府訓導有傳

陳宗堯 六年貢任新城知縣

萬曆

張應望壬辰科任烏程知縣贈尚寶卿有傳

魏成忠戊戌科任餘干知縣以治繁調鄞縣行取兵部主事歷陜西觀察

吳尚伯壬午科

魏成忠辛卯科見進士

張應望辛卯科見進士

復任[illegible]

傳

吳大洋元年選貢

夏景星二年貢任永康縣教諭

劉文郵二年貢任睢寧縣教諭陞貴陽州學正

邢世望四年貢任平湖縣丞

邢繼書六年貢

孫思孝七年貢任合州同[illegible]

傳

邢仕謙九年選貢

韓仲雍甲辰科歷官福建海巡道有傳

邢振羽甲午科任海陽知縣陞華州知州擢戶部郎中陞邵武知府有傳

李洛十一年貢任敎諭

邢尚友十三年貢任南陵縣訓導

王美齡十六年貢任漳州府判

陳萬善丁酉科見進士

黃可清十八年貢任徽州府判

韓仲雍　丁酉科見進士

孫自強　二十年選貢任慶符知縣

邢仕撤　二十二年貢任松溪縣教諭有傳

張司重　丁酉科授奉新知縣陞延平府同有傳

黃秉石　二十四年選貢歷任福籓長史有傳

邢仕誠　二十六年貢任通州訓導

徐天與　二十八年貢

王養蒙丙午科

邢繼彬二十九年恩貢任汝州判陞廣西鹽運司提舉

陳萬善庚戌科任金華知縣陞兵部郎中有傳

邢仕廉三十年貢

邢繼謙三十二年恩貢任瓊山縣訓導

徐一范戊午科見進士

邢仕楊三十四年貢任知縣

袁日章三十五年貢

陳調鼎戊午科見進士

楊思學三十七年任錢塘丞

程　琮三十八年貢

邢振春四十年任凌水知縣

劉增慶四十二年貢

劉增德四十四年貢任寧國府訓導陞晉廬州府教授

諸應龍四十六年貢歷任衡州學正有傳

邢仕邦四十八年貢

[illegible]

吳學夔元年恩貢任漢中府推官陞遂州知州有傳

天啓

陳調鼎壬戌科任戶部主事陞金衢兵道有傳

韓一光甲子科以安慶衛籍中見進士

崇禎

徐一範戊辰科授中書擢御史巡按河南至國朝歷大同左衞道有傳

邢仕功庚午科

韓一光戊辰科任御史

陳弘範元年貢任常州訓導

胡有英元年恩貢

張應觀四年貢任寧國縣訓導

劉應騏六年貢

邢仕功元年貢

王薇元年恩貢任溫縣知縣

徐一鳳三年貢歷任北京

巡按四川有傳

胡有英癸酉科中順天任舞陽令有傳

葛奇祚庚辰科會魁歷任四川兵巡道卒於陣祀四川名宦祠有傳

葛奇祚己卯科中順天見進士

學教諭

邢振豪五年貢盧州府教授

魏翰先七年貢任馬龍州同有傳

葛奇祚九年援貢

徐有斌九年貢任邳州學正

李昌褒十一年貢授崇明縣訓導陞武緣令

秦之奚十三年貢

周自新 十五年貢

夏士蒙 十七年貢

王明科 十七年貢

吳兆麟 廿七年恩貢

國朝

順治

唐懋淳 乙酉科

陳希杰 三年貢歷任寧國府教授

張丑那 三年恩貢任[illegible]訓導

徐　迅　三年[illegible]貢　入監[illegible]
知縣

黃夢熘　四年貢

王上林　四年恩貢　任湖州府
判

葛黃裳　五年拔貢　任太康知
縣

徐　寅　五年副榜　准貢

吳江月　六年貢任吳縣訓導

吳會暲　辛卯科

孔胤叢　八年恩貢考授通判

胡汝往　八年貢任宿州訓導

邢振岳　八年援貢入監

張正苞　十年貢

徐寅　甲午科中順天

孫蓁　十一年援貢

邢振業　十二年貢

例貢

明

宣德 袁世榮 五年任永州府經歷

王溥 三年

湯應隆 三年任主簿

劉璉 十年任江西布政司都事

嘉靖 陳昊 元年任候門教讀

劉轍 二年任候門教讀

張茂 四年

芮廷燦 四年任祿勸州吏目

王灼 四年

王楨 四年

邢琮 五年

邢世忠 十三年有傳

邢世文十四年有傳　邢世榮三十五年任兵馬遷潞安府判有傳

邢世仁三十七年任錦衣衛千戶有傳　黃銘三十八年任乾州判

邢世隆四十年任兵馬陞達州同　周庭四十年任國子監助教有傳

隆慶

邢繼芳元年任留守司經歷有傳　劉應聘五年

萬曆

李思孝元年　孔忱五年歷任寧州同有傳

王承嘉　孔一儒八年任序班陞[illegible]都丞有傳

邢繼學八年任烏程縣丞　陳四科十三年任永新縣丞

邢繼光十二年　韓邦本十四年任大寧都司斷事有傳

陳時見十四年有傳　李思文十四年任嘉興縣主簿

孔一言 十四年任密縣主簿
邢繼康 十八年任大寧都司斷事
谷應奎 十七年任贛州府經歷
江以中 二十年任會稽縣主簿
劉夢龍 十八年任東阿縣
邢繼參 二十一年任龍泉縣主簿
孔四可 二十一年任兵馬指揮
邢繼志 二十一年歷任城縣主簿
邢繼寬 二十一年任陝西部司經歷
劉夢鰲 二十三年任諸城縣主簿
邢繼和 二十三年任序班
孔一元 二十三年任汝寧府經歷
劉存德 二十三年
邢仕弘 二十五年任永豐縣主簿
邢繼夔 二十四年任桐廬縣主簿
孔一德 二十七年任光祿寺監事
江以道 二十六年任遼州吏目
邢仕際 二十九年應詔授武英殿中書

楊守中任和平縣主簿歷益府長史　谷應宿三十一年任建陽縣主簿

黃可章三十一年任潮州府照磨　張司友三十二年任袁州府經歷

陳時啓三十三年任湖州府照磨　吴登第三十三年歷保定府經歷

李以化三十三年儒士　邢仕訓儒士

谷應雷三十六年歷任鎮遠經歷　邢繼雷儒士

劉講三十九年任臨安府經歷　陳鳴謨四十七年

天啓

陳鳴岐元年　王道脩元年

孔起旦元年　孔胤長元年

孔胤隆二年　邢箴任嵊縣主簿

崇禎

谷明哲元年任新昌縣主簿　張應述元年

陳化達二年由儒士歷任武昌衛經歷　楊惟賢元年

魏繼儒二年任温州經歷　徐守教三年儒士

汪以尚十六年任分宜縣主簿　徐一韓授光禄寺署丞

黄羽定十七年　邢仕礪十七年授南康縣主簿

孔怙十七年　邢振翼授河南府判

徐待中授光禄寺珍饈署丞

國朝

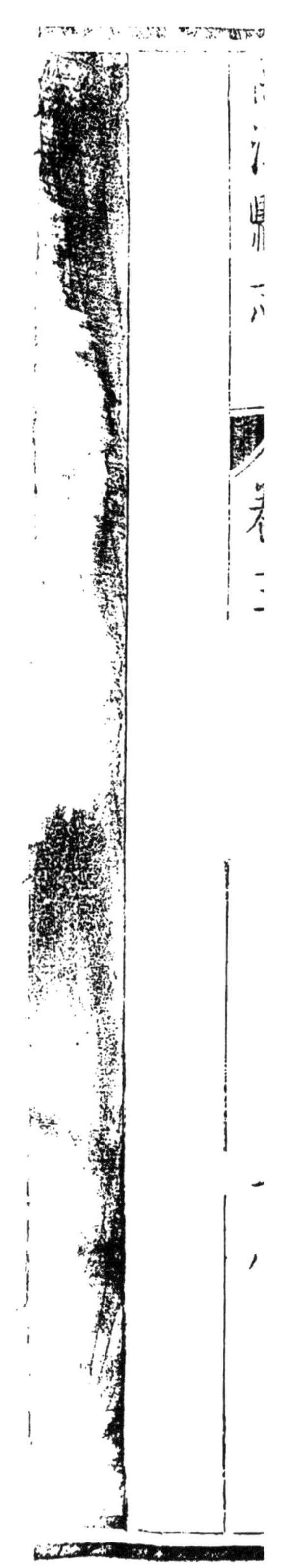

掾選

明

永樂劉　斌十年任上蔡縣丞

嘉靖朱　瑛三年任曲周縣典史　吳　楠三十五年任進賢尉

江潮鰲三十九年任衛山尉　孔守時四十年任房縣丞

陳　宥四十五年任滎陽縣尉

隆慶張　奚元年任富池驛丞　陳　琮元年任城步縣尉

劉　理二年任淮府典膳　劉　軒三年任河陰縣尉

萬曆傅　柄二年任龍泉縣尉　戴　湖四年任典史

吳繼芳四年任潯陽縣尉　楊守德七年任大同右衛經歷

徐守成八年任孝感縣丞　陳湘十年任海鹽縣尉

李伸十一年任浙江黃巖場大使　張泮十二年任烏程縣主簿

袁梓十三年任寧都縣主簿　孔一中十三年任豐城縣丞府照磨加七品

李文邦十四年任縉雲縣尉後補秀水　史徽十四年任蘄水縣尉

周有光十四年任嚴州府知事　陳時明十五年任餘姚縣巡檢

沈銘十六年任延平府經歷　胡儀十六年任嘉興府知事

史夢麟十七年任麻城縣尉　甘[illegible]正十七年任溧陽縣尉

張其道十七年任新喻縣尉　施[illegible]十八年任諸城縣尉

劉應貢十九年任東莞縣丞　陳時逢十九年任新寧縣尉

陳淶十九年任應天府醫學正科　陳時善十九年任上虞縣尉

傅從賢二十年任饒州所吏目　邢珩二十年任古桐閘官

楊道成二十年任安平縣尉　陳士毅二十一年任保康縣尉

陳時詮二十一年任鉅野縣尉　邢一德二十二年任定番州吏目

陳時文二十二年任南京庫大使　陳士俊二十二年任彰明縣尉

吳登庸二十三年任武清縣尉　邢彥光二十四年任日照縣鹽大使

孫惟顯二十五年任平州吏目　吳繼皐二十五年任麻城縣尉

楊淑二十六年任高邑縣尉　吳山岑二十七年任汲縣尉

傅夢鯉 二十七年任浙江都司吏目　楊仕鎮 二十七年歷定遼衛經歷

陳執中 二十九年任黃州府知事　李自益 三十年任陝江縣尉

吳可仕 三十年任黔陽縣尉　魏繼孝 三十一年任嵊縣尉歷奉祀

江南傑 三十一年任平利縣尉　魏繼俊 三十一年任清水縣尉

陳熺 三十一年任太平縣尉　魏奬忠 任乳源縣尉

楊元春 任常山縣尉　魏孝舜 任建昌府照磨

陳希呂 三十二年任定海縣巡檢　魏繼皐 歷任歸州吏目

陳希班 三十三年任陝西苑馬寺錄事　吳山景 三十三年任同安縣尉

陳大業 三十二年任中部縣尉　霍恩恩 三十四年任龍游縣尉

徐志遷三十五年任丹稜縣尉　楊廷章三十五年歷陝西理問所

陳自脩三十五年任長葛縣尉　劉大有三十五年任鄒縣尉

葛思明三十五年任柘城縣尉　陳邦道三十五年任新津縣主簿

陳啓龍三十五年任上饒縣尉　邢有方三十五年任景陵縣丞

陳邦謨三十六年任貴縣丞署縣事　周耀三十七年任龍溪縣尉

韓邦泰三十七年歷棲霞縣丞　沈鏘三十八年任成都衛經歷

陳時鑾三十八年任東蘭州吏目　韓仲友任泗縣尉

王可愼三十九年任承溪縣尉　張芳任安岳縣尉

沈宗堯四十年任常興尉　陳希壐四十二年任濟源縣尉

陳儀鳳四十二年任撒毛衛經歷　陳時應四十二年任平陸縣尉
孔際可四十二年任會稽縣尉　張秉賢四十三年任德化縣尉
陳元泰四十四年任永新縣尉　吳鉞允任貴州長官司吏目
周維曾四十五年任杞縣尉　倪克明四十五年任淯陽縣尉
孔貞言四十六年任行都司經歷　胡啓倫四十六年任長樂縣尉
徐守己四十六年任河源縣尉　張應徵任吏部歷事
倪一鳳四十六年任淮安大使　唐傑四十七年任陽山縣主簿
吳振昌四十七年任定襄縣尉　施有經四十七年任南京倉大使
唐明道四十七年任臨安縣尉　邢汝斗四十七年歷蠻雲衛經歷

陳有聖 四十七年任盧氏縣尉　　魏　爵 歷任新樂縣丞

孔聞猷 任典史　　楊景春 任建昌府照磨

谷華春 四十八年任營繕所丞　　孫維程 四十八年歷永平縣尉

吳自新 任松江大使　　邢仕强 任交河縣尉

天啓

趙一梅 元年任膚施縣尉　　劉應洪 元年任連江縣巡檢

邢有典 元年任雲陽鹽課　　楊希望 元年歷任成都府經歷

劉大鵬 元年任揚州鹽塲副使　　陳汝光 二年任漳浦縣尉

張司訥 任平山驛丞　　谷明德 歷任高州倉大使

徐有行 二年任上蔡縣尉　　施　潛 三年任林桂驛丞

吴學耕三年任宜章縣尉　韓仲徵任黄安縣尉

唐明德三年任歷城縣尉　吴學易四年任常興主簿

黄嘉詩四年任戶部庫大使　吴國英五年任鎮朔衛經歷

吴之達六年歷汾州目　鄭宗泰六年任天津衛經歷

李承謙六年任高郵州閘官　孔胤範七年任襄陽雙溝司巡檢

甘思沛任松江府倉大使　楊芳春任照磨

楊華春任金華府照磨　楊一震任潮州府照磨

馬思龍七年任新會縣主簿　孔一德七年任宣撫司經歷

崇禎

邢祖尹元年任浙江都司斷經歷　孫可大元年任稷山縣尉

李𣄃桂　元年歷沇州衛經歷　魏國卿　元年任開化縣[illegible]

李明謙　二年任太倉大使　夏之旦　三年任盧州縣巡檢

傅其奐　二年歷任經歷　羅允錫　任鉛山縣尉

孫可繼　二年歷彰德府倉大使　尚邦佐　任倉大使

魏承聘　三年任餘杭縣主簿　楊一鸞　三年任廣信府照磨

陳志煜　任鄱陽縣尉　李貞儒　三年任杭州府知事

沈　錡　三年任常德府驛丞　王尚僕　三年任歸化尉

吳　忠　三年任遂安縣尉　尚廷松　任典史

陳金章　四年任高密縣尉　霍履祥　四年任廻岐鎮巡檢

袁啓泰　四年任倉大使　葛肇祖　五年任典史

程可選　五年任袁州府經歷　李瓊芳　七年任和順縣尉

楊正元　七年任吏目　袁光弼　七年任鴨綠鎮巡檢

邢彥觀　八年任上杭縣驛丞　萬立正　八年歷任寧海縣鐵場司巡檢

楊可登　八年任昌化縣尉　李挺秀　九年任師宗吏目

程可遠　十一年任泰定縣尉　孔貞鵬　十一年任蕩波縣尉

吳地英　十三年任烏程縣南潯巡檢　黃大儒　十三年任重慶府知事

袁鳳梧　十四年任台州府衛經歷　趙應龍　十四年任長泰縣尉

顧子應　任龍泉縣巡檢　孔胤鐸　十四年任黃州府司獄

揭文琇任工部營繕所所官　陳國善任山居縣尉

陳國翰任仁化縣尉　蔣士聰任監利縣尉

陳志聖任東莞縣尉　陳嘉烈任茂名縣尉

魏仕望十四年任古田縣尉　唐宗武十六年任江夏縣尉

魏承選任衡山縣尉　徐正楙任連城縣主簿改縣丞

李超任臨川縣尉　湯九思任樂平縣主簿

胡大受任鄞縣主簿　邢繼初鄞縣主簿

茍昌祚任北兵庫大使　唐[illegible]訥任兩浙許村場監大使

田貢國任戶部庫大使

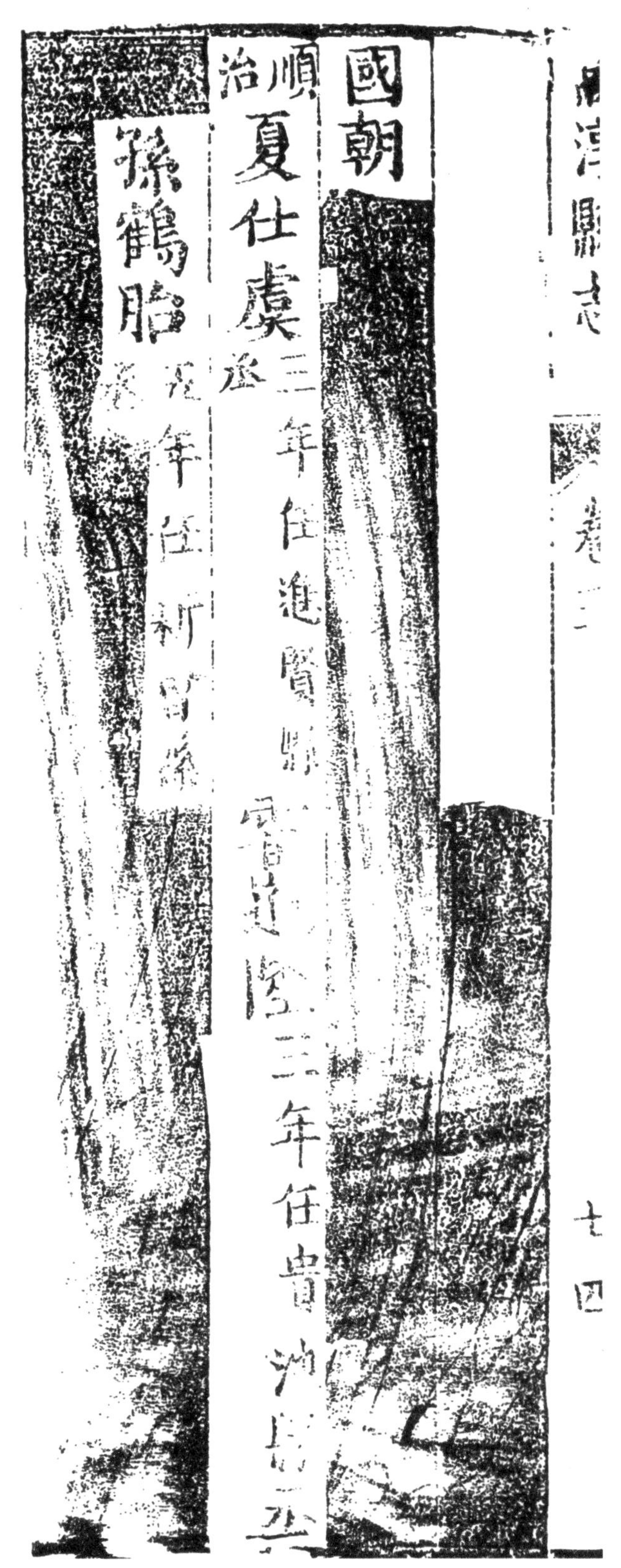

國朝

順治

夏仕虞　丞　三年任　進賢縣人　由選貢　三年任　曹州同知　去

孫鶴胎　丞　□年任　祈門縣人

封贈

明

王和卿以子琮貴贈御史

韓烈以子叔陽貴贈知縣加贈知府

張价以子蘊貴贈知府

張奠以子應亮貴贈知縣加贈御史

韓宏以子孜貴贈助教加贈同知

邢璡以子世榮貴贈兵馬指揮

孔鎬以子恍貴贈序班

孔博以子一儒貴贈廣西□

魏淶以子成忠貴贈知縣

陳九品以子萬善貴贈奉直大夫

邢繼康以子仕際貴贈武英殿中書追階加贈承德郎

陳堯俞以子調鼎貴贈奉政大夫

徐天衢以子一范貴贈中書科舍人祀鄉賢

邢仕訓以子振羽貴歷贈至知府

張應泰以子司重貴贈知縣

黄可文以子秉石貴贈推官

孔聞府以子貞言貴贈經歷

吳山岑以子學夔貴贈奉直大夫

揚文琇以子仕鎮貴贈工部營繕所正

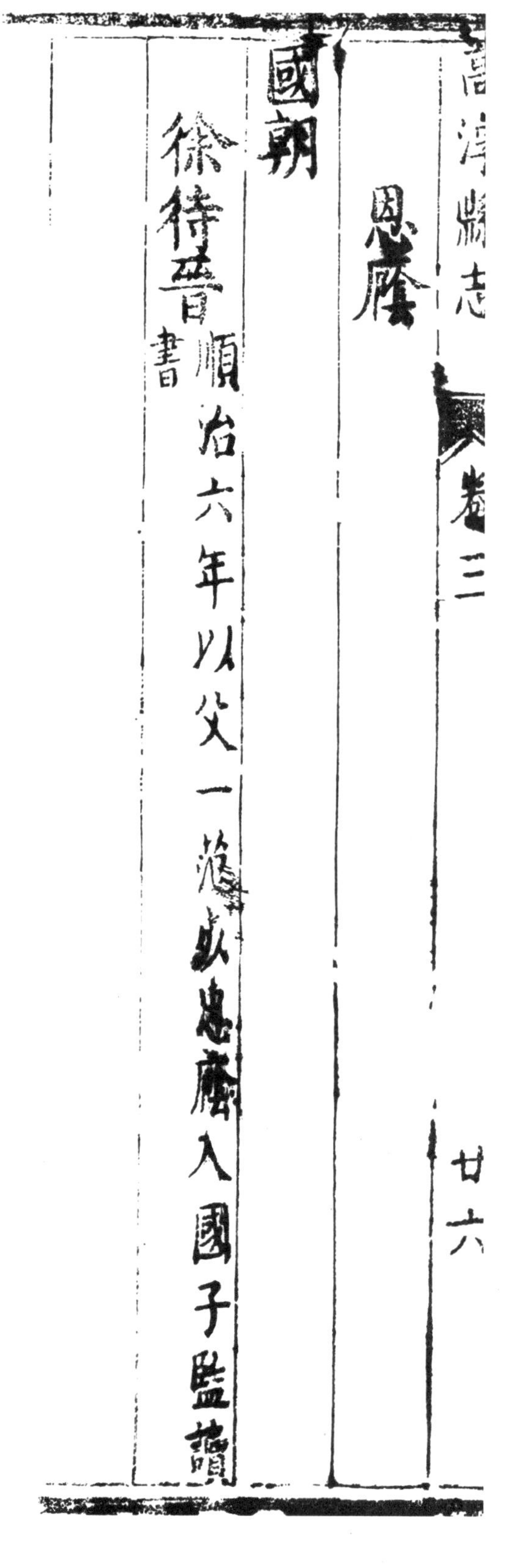

高淳縣志　卷三　廿六

恩廕

國朝

徐待晉　順治六年以父一龍死忠廕入國子監讀書

武科表

國家文武並用科第相連原無軒輊但以承平日久偃武脩文遂至鷹揚之選漸差韜畧騎射之道弗講故勇夫就儒壯士潛衰我

朝興起海宇未寧必奮武途勿徒徂赴行伍膺薦列載雄名作武科表

明

進士	舉人
萬曆	陳瑞彩丙午科

趙維序　乙卯科

孫忠明　甲子科

王鉞　丁卯科

汪廷饋　丁卯科

陳建威　庚午科

楊惟城　丙子科授滁州守備

芮珂　丙子科任六安州守備

趙彝　己卯科

魏熊　己卯科

崇禎

趙彝　庚辰科

魏　鐸癸未科授湖廣長州府遊擊

魏　鐸壬午科見進士

國朝

順治

李　獻乙酉科

唐　盛乙酉科

唐懋治戊子科

錢阜隆戊子科

陳世俊辛卯科任滁州衛千總

孫顯淳甲午科

陳淳禮明崇禎己卯科副榜庚辰科會試

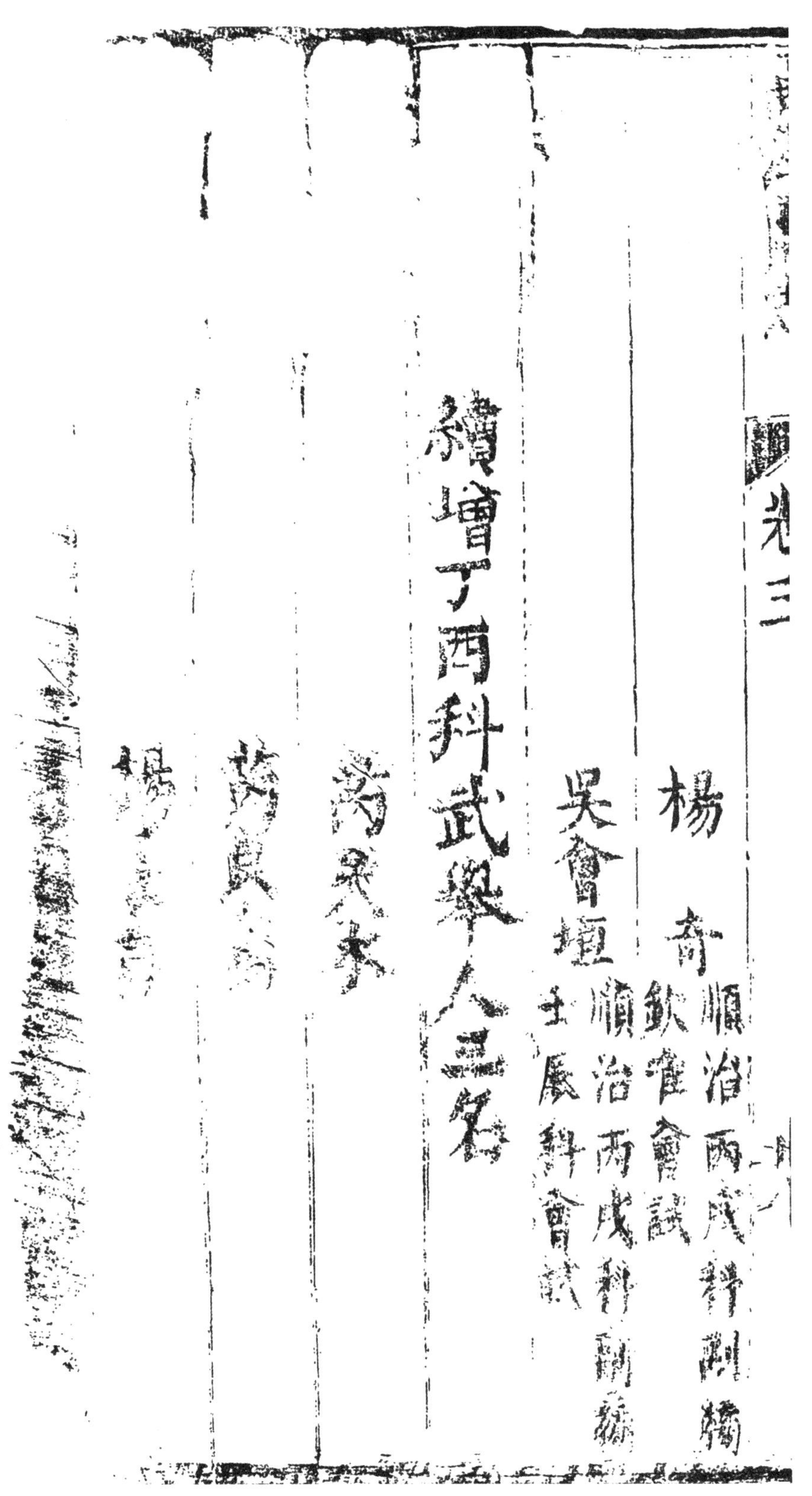

卷三

楊　奇　順治丙戌科副榜欽准會試

吳會垣　順治丙戌科副榜壬辰科會試

續增丁酉科武舉人三名

湯杲李

裝良[illegible]

楊[illegible][illegible]

武爵

明

周先洪武二十九年封太倉鎮海衛百戶

王封陵永樂五年授錦衣衛百戶

劉澄洪武初封錦衣衛指揮

趙桓封柳州南丹衛千戶

杭勲湖廣鎮海衛正千戶

袁和龍江衛百戶

袁勝紹興衛百戶

何源大寧前衛千戶

江全昌平衛千戶

朱緣龍江左衛千戶

陳道慶留守左衛千戶

鮑王武昌衛百戶

唐學寬河衛百戶

楊　靖大理衛千戶　馬清六襄陽羣牧所千戶

楊　榮銅關衛百戶　朱付一富峪衛百戶

顯　宗福州衛百戶　胡　文滁州衛百戶

魏保四威清衛千戶　邢　貴左關衛百戶

許熟兒任潘衛百戶　魏保二廣寧衛千戶

許小弟淮川羣千戶　韓　廣開平衛千戶

吴　文臨安衛百戶　江　祿開平衛百戶

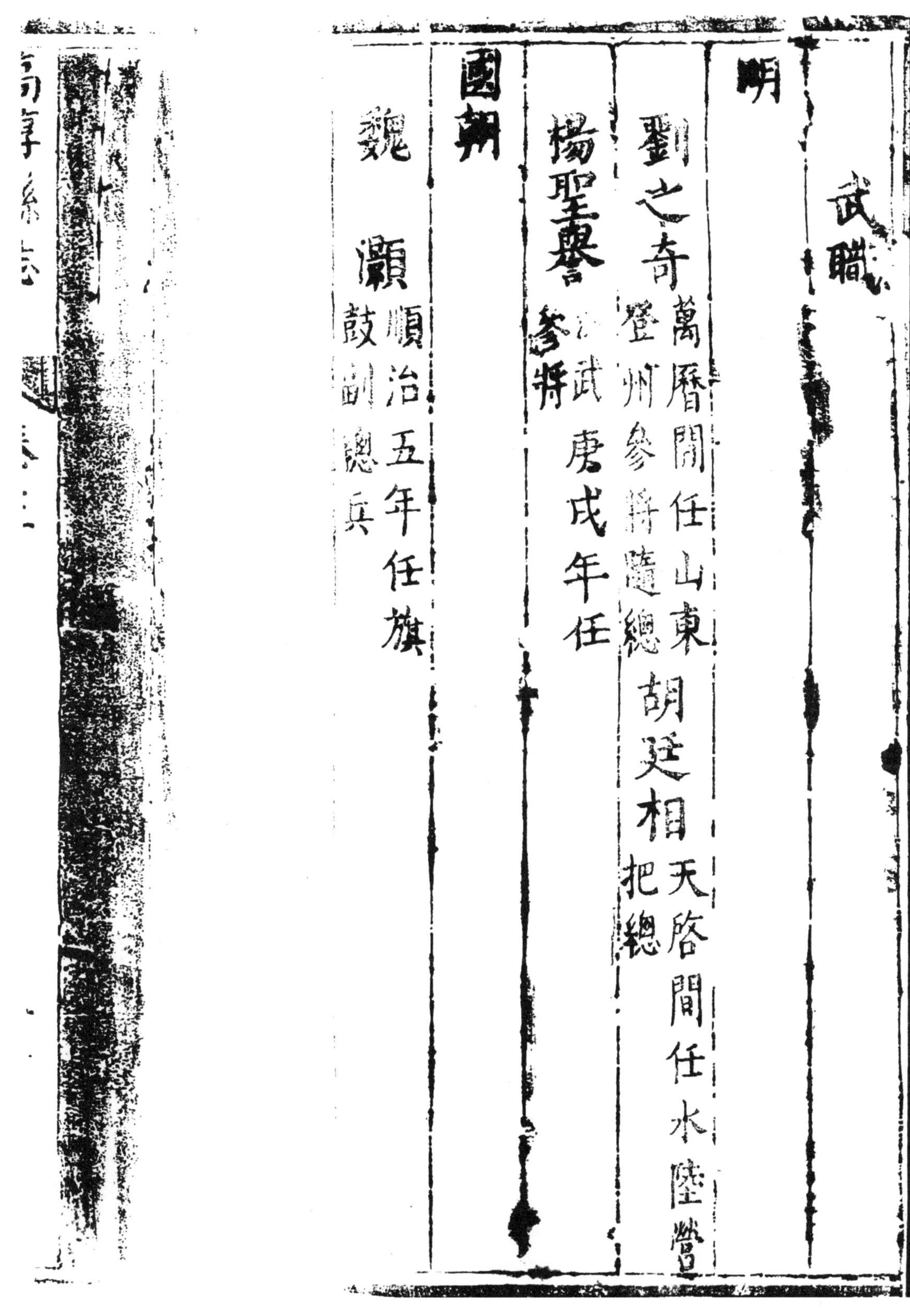

武職

明

劉之奇　萬曆間任山東登州參將隨總

胡廷相　天啓間任水陸營把總

楊聖譽　武□參將　庚戌年任

國朝

魏　灝　順治五年任旗鼓副總兵

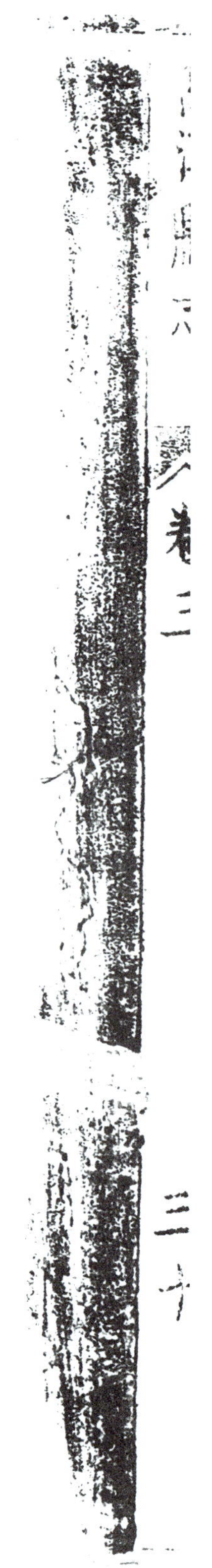

高淳縣志卷之四

建置志

建立制造有土經國者所必務也高淳自明弘治始設於此疆域既定城郭未周而治署學宫郵舍坊表祠廟寺觀義倉橋渡凡在縣治王制所有淳無闕焉標目既明登載宜備作建置志

公署

縣署肇建於明弘治癸丑相度爲應天府丞冀綺經營爲知縣宋澄增置於嘉靖丙戌知縣劉啓東重

脩於崇禎庚午知縣莊鐸並有碑記載藝文以歸附我

朝仍其舊貫

正堂五間右爲馬政廳三間今廢左爲幕廳三間今廢後爲穿堂五間爲後堂五間堂之右爲庫一間北爲知縣廨正堂南甬道中爲戒石亭東西列吏曹房東吏戶禮三房西兵刑工三房幕廳東北爲縣丞廨馬政廳西北爲典史廨舊在正堂東南戒石亭前爲儀門三間順治十三年知縣紀聖訓重脩門內之左爲土地祠一間爲吏舍計二十間明嘉靖四年知縣劉啓東建門外之左爲賓館五間清風亭三間在館之左前後有池雜植竹樹明季

悉發門外之右爲獄舊在儀門內明嘉靖四年知縣劉啓東改置圜以縈垣又
前爲大門三間明崇禎三年知縣莊鐸重脩上爲譙樓門之前左
爲旌善亭三間右爲申明亭三間正[illegible]
門前東爲宣化坊西爲承流坊舊有[illegible]
正堂西一在正堂西南悉以明代裁革廢[illegible]賓館五間康熙十五年知縣劉澤嗣捐資重建
陰陽學三間在縣治左崇仁街
醫學三間在縣治左崇仁街
僧會司未設
道會司未設

社亭三間在縣治東明嘉靖間知縣劉啓東建

預備倉在縣治東明嘉靖間知縣劉啓東重脩凡一十有五間明代廢今存三間

常豐倉舊名永豐在永陽去縣三十里明嘉靖間知縣劉啓東修葺萬曆元年知縣夏大勲移建於縣治西畱暉門外倉廒凡四十一間場一區歸併

國朝於順治八年奉

恩永折其屋半毀餘爲營房

養濟院凡一十二間在縣治左明嘉靖間知縣劉啓東

東增建三間

廣通鎮巡檢司在縣東南四十里明嘉靖間知縣劉啓東建

牛兒港河泊所在縣西隅明隆慶三年以裁革廢係邑民夏興旺夏源夏賢讓捐地建以其急公尚義准免一家漁課

許家埠河泊所在縣西十里明隆慶三年以裁革廢

廣通鎮壩官廨建於壩北明永樂間設以裁革廢

察院在縣治西北正義街西南向正廳三間穿堂三間後堂五間東西廂房各三間廚房三間外門三

間院南候館三間

府館在察院左西南向正廳三間穿堂三間後堂三間西廂房三間東廚房三間外門三間暫假爲營房

廣通鎮公館三間在巡檢司南明嘉靖間知縣劉啓東建

接官亭在襟湖門外今改爲[illegible]望廒

關防門樓七座東曰賓陽南曰迎薰西曰留輝北曰拱極東北曰通賢東南曰望洋西南曰襟湖縣故無城明嘉靖丙戌冬縣帑被盜知縣劉啓東因其白撫按請所以爲防衛者治之[illegible]

遷老措岡阜乃因其勢築土爲垣西南臨淳河[illegible]以石壕濱河皆民居相接比鄰逼衢豐宜處[illegible][illegible]七門舊志知縣項維聰建城
詳並邑人韓[illegible]議載藝文

錢氏場 在縣治西西壩門外二里明萬曆二十[illegible]年知縣丁日近移建有官廳三間○側額無存康熙十六年知縣劉澤嗣捐貲重[illegible]又有碑記載藝文

附石臼里社倉 縣北二十五里舊名義倉邑副人韓叔陽建備穀以賑里民利物示守明隆慶三年知縣[illegible][illegible][illegible][illegible]爲之記載藝文後繼事者因切近湖濱名[illegible]曰石臼里社倉內有義田係庠生韓[illegible][illegible][illegible]倉穀[illegible]減多方[illegible][illegible]將歷年判稻置田百畝以圖永久厥里鄉飛[illegible][illegible]熊夏衷從共襄厥成勒石於倉

劉氏義館 縣南二十五里梁上村劉士恒捐貲建爲[illegible][illegible]學所

青嬰堂在縣治後[illegible]賢街康熙十七年知縣劉澤嗣捐資創[illegible]門房三間廳堂三間平房三間披軒三間樓房三間並鋪櫃桌凳等物外園地一塊冊載芥字號計丈基地八分五厘有碑記條例載藝文

學校

儒學在縣治東通賢門外明弘治十二年應天府丞冀綺創建董事者爲知縣劉傑正德丙子明倫堂燬知縣施懋奏御史徐翼周鵷捐貲建久而復頹至嘉靖三年知縣劉啓東撤而新之益增勝舊布政當塗邢珣記載藝文萬曆十三年堂又圮知縣董良遂乃

倡邑人韓邦本邢世文楊廷禮捐資重建規制如
舊十七年署縣事上元知縣劉元泰重脩廟門廡
全新之二十六年知縣丁日近再爲脩葺太常少卿宣城詹沂記載藝文三十三年知縣項維聰增建撤一亭於尊經閣後諸所將圮並華備之刑部主事邑人魏成忠記載藝文以歸附初學宮廟宇毀於兵燹順治十三年知縣紀聖訓始爲重建規制如初址亦勿改議增文昌一閣以紐於力方有待焉至康熙十二年冬大火被焚十五年知縣劉澤闊重建大殿並將名宦祠櫺星門舊名起鳳騰蛟二坊集賢橋啓聖宮尊經閣俱爲鼎新[illegible]疏碑記並載藝文

大成殿五間舊名先師廟康熙丙辰改今名東西兩廡各七間前爲廟門

三間門之內左為神厨三間右為神庫三間門之外前左為名宦祠三間前右為鄉賢祠三間二祠俱嘉靖三年知縣劉啓東建又前為欞星門三門建坊於左右跨以石橋左坊曰騰蛟橋曰曰育英右坊曰起鳳橋曰集賢前為屏牆今廢前為泮池舊在欞星門內知縣劉啓東徙建上石橋今復改此有池之南設大屏牆為之蔽濶二十四丈萬曆三十二年知縣項維聰捐資建明季廢順治十三年脩學辦次第舉焉廟之東北為啓聖祠三間嘉靖十年增建廟後為明倫堂五間正德七年燬清戎御史徐翼印馬御史周鵝共發贖銀二百兩屬知縣徐懋建後為尊經閣三閣為敬一亭三間明萬曆三十三年知縣項維聰捐資建東西二齋各五間東曰御齋西

曰還淳提學御史方鸑扁齋之後爲號房各十五間堂之東南爲道
義門又南爲學門三間門左爲射圃觀德亭三間今燬教
諭廨在文廟東舊在還淳齋西明崇禎間知縣莊鐸移建於此訓導廨一在還淳齋西
一以
國朝裁革廢
臥碑一座在路聖祠右
敬一箴六座在敬一亭
西箴碑在敬一亭傍
聖賢贊碑在廟門前左
祭器

銅登五　　　　銅爵一百二十

銅簠四十二　　銅簋四十

籩豆一百二十

書籍有五經四書通鑑性理共八部俱以兵燹燬

學基地二十八畝八分一釐七毫二絲內學垣東西

各地一帶居民任住納租學後山一座長松近

株

學田共二百七十九畝五分七釐五毫四絲

崇教鄉一畝五分七釐六毫

立信鄉二十六畝一分五釐八毫

遊山鄉二百五十一畝八分四釐

學山四畝在崇教鄉

社學賓陽門外 五顯祠左門房三間正堂三間

書院在縣治西北察院左明嘉靖四年知縣劉啓東建正堂三間扁曰崇文門房一間今即遺愛祠

郵舍

縣前總鋪 縣治左

蒲塘鋪 縣東十里

[illegible][illegible]舖縣東三十里舊有房屋久頹無存康熙十六年知縣劉澤嗣捐資重建門房廳堂後堂各三間有碑記載藝文

雙牌舖縣東三十里舊名舊鎮舖

清橋舖縣東四十里舊名遊山舖

駝頭舖縣東十五里舊名湯師舖

松兒舖縣東六十里

永豐舖縣南十五里

仙人舖縣南十五里順治九年知縣崔倫奇建房三間

永寧舖縣南二十六里舊在下水陽順治九年知縣崔倫奇移建房三間

坊表

多賢坊縣治右崇仁街爲宋進士魏良臣魏師遜[illegible]縮劉應炎劉愈劉鎬元進士劉泳劉梓[illegible]遷士周鉞舉人劉德徐金魏組其立

開科坊崇仁街爲明嘉靖丁未科進士韓叔陽立

鴻臚坊崇仁街爲序班孔恍立

登雲坊縣治北二十五里爲明永樂戊戌科進士許冀立

進士坊縣治北三十里爲明永樂丙戌科進士王琮立

登科坊縣治北二十里爲明弘治己酉科舉人夏輯立

恩榮坊縣西三十里嘉靖十三年爲孝子史巔八立

貞節坊縣治北阜民街明萬曆二十三年爲陳時莫妻蕭氏立

雙節坊 縣治西明萬曆四十一年爲生員陳河洛妻王氏妾尹氏立

貞節坊 縣東三十里漆橋明崇禎三年爲孔胤昌妻劉氏立

貞節坊 縣治北門内明崇禎十年爲生員陳時群妻張氏立

進士坊 縣治東街爲明崇禎戊辰進士徐一范立

恩綸坊 縣西南二十里明崇禎十三年爲進士葛蕭祚父孝子葛至學立

聖德天昭坊 縣治西明崇禎十四年爲御史徐一范特疏請折漕糧立

騰蛟起鳳二坊 學前令改德配天地道冠古今二坊頭康熙十五年知縣劉澤嗣重建

宣化承流二坊 縣前

祠廟

水府祠縣東南東新橋明弘治間建一在縣西五里明萬曆四年圩長陳爵二修門陡圩建今改永齊庵額

遺愛祠在府館右舊名薛公祠祀知縣薛夢李別爲曆三十三年知縣項維聰修葺祀知縣劉啓東知縣鄧楚望改今名萬曆三十六年知縣宋祖騰復葺祀卒任知縣董良遂董岐鳳有記載藝文

楊家祠縣西十二里祀唐相楊綰順治初年重脩

昌福祠縣東南三十里

項公祠縣治東萬壽觀右祀明知縣項維聰

唐公祠縣西南襟湖門外祀明知縣唐登儁今燬

關王廟北門內設縣初明府丞龔編召民王禮七建萬曆二年王珣脩四十五年知縣唐登鶴倡居民陳希望陳用中陳希鏡陳希稷重造順治四年居民陳時栢陳有旨邢心傳陳太和重脩

一在彰教寺南明嘉靖間韓椒陽建

一在縣東六十里明嘉靖三十三年建

一在縣東六十里安興鄉人張司詡募建

一在縣西南三十里明萬曆初劉學鳳倡建

一在縣東七十里順治五年耆民韋祚建

一在縣東三十里禪林山寺僧覺乳貞書建

五顯廟縣東門外陳希仁建明天啓六年陳波光脩順治四年僧紹隆募資重脩

一在唐昌鄉豐村

一在松兒鋪

晏公廟縣治東望洋門右秦江倡建明尚文脩明太祖征偽漢助戰於鄱陽湖令應天府祀之

一在縣南二十七里劉家橋明崇禎間劉以清脩

一在相國圩禁城鋪民建　一在練城村

磚砌廟縣東三十里

遊山廟縣東三十里遊山頂明萬曆十年建

白鶴仙廟縣東二十里遊子山

雀岡廟縣東五十里

安興廟縣東六十里

泗洲廟縣東六十里

半山廟縣東六十里

祠山廟縣東六十里祀漢烏程人張渤生有神異後卒於廣德之祠山居民因建廟於上及明太祖提兵至此卜之神吉爲詩二章以紀之及戰於彭蠡神助戰滅敵遂特封眞君春秋致祭故各處

多建祠以祀之

一在縣東南十五里明嘉靖間建萬曆間脩

一在縣南三十里

一在縣北十里

三義廟　縣東六十里今廢有知州張著詩見藝文

東嶽廟　縣東南六十里下壩南唐大德十年建

一在廣通鎮上壩北明隆慶二年湯玉曹禾愷倡首脩崇禎間湯彥仍吳學廉曹尚卿楊顯德重建

宗三廟　縣西十里明正德五年建今改額為永勝庵

一在縣東南十五里明隆慶間建

蛇王廟　縣西二十五里

划船廟　縣西三十里唐大德間建祀水神五月盃縣居民以龍舟競渡設盛禮致祭

八仙姑廟　縣西北十里祀蠶神

成楚王廟　縣東北三十里莫考所自

孔氏家廟　縣東三十里

花樹廟　縣東六十里

寺觀

保聖寺　縣東五里唐貞元十七年僧買休建舊名龍城寺宋祥符間改今額寺之西林郎舊址也後燬嘉佑三年邑太學生甘文政費縻巨萬重建勒名柱礎赤烏二年建塔一座紹興四年邑人劉川同男靖重脩明崇禎間邑紳徐一范重脩有唐張宏家胡應發明陳萬善徐一范四記載藝文寺内原有迎春亭久頹無存康熙十八年知縣劉澤嗣捐資重建

禪林寺　縣東二十里唐開元二十七年置宋太平興國五年改名慧照淳佑十二年復今額記載藝文明洪武二十五年歸併淨行寺永樂元年復建

儒童寺　縣東南二十里舊名孔子寺唐景福二年置道南唐昇元中改今額舊傳孔子經此地人因建祠尋改爲寺寺北遊子山亦以孔子遊之得名按金封孔子爲儒童菩薩見稗官中似本昇元封改名寺均有自也今廢爲民居徒有其名亦可慨矣舊志辯疑謂淳非入郢之路疑之按六朝遺事遊山十里爲固城湖即楚平王故都去孔子時未遠也設泥史記爲定則世家中孔子竝未入吳而延陵十字碑碣昭灼古今意者轍環之際亦如後世名賢蹤跡所至間有迂廻憑弔後之作傳者能盡及乎寺本孔子祠改可勿疑矣有諸人詩見藝文

新化寺　縣南五十里舊在溧水儀鳳鄉唐咸通元年建宋乾道三年移建安興鄉今地明洪武二十五年歸併於儒童寺有詩載藝文

劉莊寺　縣西三十里唐中和間建宋紹興中重脩改名顯慈明洪武二十五年歸併保聖寺永樂

中復開建梁上諸
姓重脩仍舊額

彰教寺　縣北二十五里唐大中七年置舊名報恩寺宋政和間重脩改今額明洪武間重脩鐘制最古萬曆間金僊殿傷一佛仆毀腹中有紹聖記疏邑人韓叔陽重建有重建山門記載藝文錄附
國朝順治二年以兵火寺燬至十二年知縣紀聖訓捐資爲倡脩建如新

龍化寺　縣南五十里舊志謂唐咸通元年建明嘉靖間居民湯鳳一楊彩二率衆重脩按金陵志遊山鄉有龍華寺宋淳熙九年僧法興經府請句容縣林泉鄉廢額建有李全記畧曰中山之南輿行三日聚落日銀杯江湖順流而下者至是舍車而舟自斯遡江而西則問津焉今考高淳遊山鄉無龍華寺或卽龍化也
因並志之以俟考云

飛來寺　縣西南三里明天啓二年中秋夜忽有銅像彌勒一尊端坐太平圩之東角及旦黃沙蔽

天知縣譚經濟邑紳陳萬善卽日往謁士民咸集譚見而異曰始飛來佛耶命李自蕃建寺遂以飛來名

淨行寺縣東北十二里周末有梁姓者結廬其地遺明帝時有僧構室誦經名淨城道場唐中和三年建寺進士劉賢撰記載藝文

正覺寺縣西三十里宋嘉定元年僧妙珍請江寧縣新亭正覺寺廢額建吳正肅公柔勝有記明初寺廢於兵火有大鐘移於縣治譙樓至崇禎九年耆民史增賢重建仍名正覺寺吳柔勝記見藝文

再興寺縣東六十里廟岡山舊爲廟岡廟明萬曆間邑人知縣張應圖僉士張應亮重建有詩見藝文

萬壽觀賓陽門外宋時建基爲義民王觀四所讓正殿祀眞武帝君乃本縣習儀之所明弘治間

重建日久傾圮萬曆三十三年知縣項維聰指俸命邑民陳士穀蔣繼和吳山岱陳時藝重建邑進士韓仲雍爲之記載藝文觀內有道士張靜禮萬曆間自置田地錢糧房樓間數於崇禎十三年具開呈明太常寺南禮部應天府各衙門准行本縣立碑在觀以承香火歸附後順治十三年知縣紀
聖訓以道士芮常胤言門向不合水局捐資改建門樓一座並脩廟宇事竣勒碑記在藝文

尋眞觀 縣東二十里太康二年建舊傳許旌陽寓此有燒香壇舊庵古柏爲眞君手植千有餘歲枯枝凌雲狀若虬龍旁枝聳翠別作濃陰遊人息之若忘古今詳見古蹟丹井下邑人韓叔陽詩載藝文

祠山觀 縣治南元至元四年建舊名張王廟
一在縣南十里雙牌渡明萬曆間建崇禎間重脩

三元觀　縣西十五里倉溪東圩道士蔣常泰募脩並建關聖殿於觀左脩時得斷碑覽之有赤烏二年四字知爲古蹟惜無全文可考也

眞武殿　縣東三十五里遊子山頂邑人霍思慶有置田記載藝文

迎眞殿　縣東四十里舊名羅白庵明弘治二年建嘉靖間重脩改今名

觀音殿　縣東六十里芮氏村祈禱輙應一方人民賴蔭庇焉

靈官殿　縣東十五里原駝岡之麓有古榛屈曲肖[illegible]官法相有禱必應明崇禎十七年里人李[illegible]春年九十餘素性公直鄉里推重遂捐貲倡建順治十二年知縣紀聖訓撰記載藝文

三義殿　縣西南三十里埰上村古關王廟今重脩以三義名

三元殿　縣西南十里明萬曆三十三年重建　一在縣南三十里塗泥坊明萬曆間建

祠山殿 縣北二十五里邑庠生韓充森建

華國殿 縣西南十五里相國圩卞村

藏經閣 保聖寺內明崇禎間邑紳徐一范建藏經四櫥

觀音閣 永濟橋頭明隆慶二年陳顯四建

尊經閣 儒學後明崇禎十三年徐一范捐資倡建鄉宗泰捐銀三百助建

紫微閣 縣西十五里明萬曆間邢氏建

銀林菴 廣通鎮壩北宋元豐間五顯祠明萬曆十四年居民曾永彥楊鎰黃天寓楊銳倡建今菴

淳西菴 縣西北二里明洪武初居民王茂一夏奇同建廟後夏霖王瓏募建今廢

護佛菴 縣西三十里[illegible]陡門明隆慶二年耆民孫詔吳新同砌謂陡門為永豐圩旱澇瀦洩樞閣

門近丹湖險要人烟散逸未便看守議捐基建菴
住僧可以通報至萬曆十五年坍破菴廢鄰子孫
捐貲重建僧楚禪募鑄鐵佛三尊菴因
以名僧高慧倡重修一方賴永庇云

泗洲菴　縣東四十里明洪武十年建

李溪菴　縣東五十里宋寶祐三年建

韓城菴　縣東五十里舊名韓城寺明正德末年移建

茶菴　保聖寺東一名永昌亭明萬曆二十五年胡公建○一在甘村甘仁壽建
一在縣東六十里[illegible][illegible][illegible][illegible]一[illegible]一[illegible]建
一在縣西南二十六里明崇禎間鄉卿吳氏倡建

鄧林菴　縣東三十里蘇村[illegible][illegible][illegible][illegible]

儀鳳菴　去廣通鎮壩三里建平序班呂維進建

觀音菴縣東六十里

金塘菴縣東五十里

誠應菴縣東六十里明嘉靖四十二年邑副使張藴重建

廟岡菴縣東六十里明萬曆二十五年邑僉事張應亮重建

禪和菴縣東六十里松兒舖西

千佛菴縣南三十里水碧橋左明萬曆王姓捐建

普度菴縣東六十里庠生湯彥仍倡建

東陵菴縣東南七十里明洪武間置庵西永定橋邊楊二姓重建

香林菴縣東南三十里

潮音菴縣東南十五里明永樂間建

上茶菴縣東六十里在普潤菴之上里人周連城捐資倡建菴外有亭飲憩行人

普潤菴縣東六十里僧希孟建里人張司重以普潤額之

蓮塘菴縣西二十里吴赤烏二年建明嘉靖隆慶萬曆間重建

永豐菴縣西三十里

白雲菴縣北二十里鵬池山明萬曆間邢繼鯤建

招遠菴縣東北二十五里明萬曆中邑知縣韓邦憲析當邑園地重建

鷄花菴縣東北二十五里彰教寺南水中秀墩上明萬曆間邑人韓邦本建

廣惠菴縣北二十五里郭村港夏柳高諸姓於明萬曆間建

地藏菴縣北二十五里馬城山後邑人許承輔倡

淨土菴縣東北二十里油榨村

竹城菴縣東三十里今廢石像存

鳳岡菴縣東北二十五里明萬曆間史希義捐貲倡建施田三畝以奉香火

蓮墩菴縣治西南一里明萬曆三十四年庠生陳鏞靈倡建

玄龍菴縣東七十里明萬曆四十年居民陳謹倡建

餘慶菴縣東北六里魏塘明萬曆四十六年耆民袁守本建順治十一年子光胤重脩

萬明菴縣西河中新墩上僧無慧建庠生陳一科霍思慶捐貲倡焉

永濟菴縣南一里

淳南菴縣南十里沈鋐沈鏘爲鎮雙橋建知縣項維聰嘉其行題曰功高驅石

法華菴縣西二十五里

鎮豐菴縣西十五里滄溪趙王陳張姓建

永鎮菴縣東四十五里舊名花菴

崇祠菴縣西十五里張家架後爲縣塞水口

廣惠菴縣東三十里遊山鄉長史黃秉石倡建

青蓮菴縣東二十五里庠生孔尚望捐資倡建

東渡菴在門陡圩徐待聘建

曇華奄縣西南二十里漢關僧募建

永慶叢林縣東七十里明天啓二年建

九龍菴縣東南四十里花山澗口居民吳悅路富國建

西蓮菴縣北二十五里屵家嘴上明天啓三年戴姓建在丹陽湖東夏秋之間西望湖中建閣數頃因以名菴邑紳陳萬善爲之記

福應菴縣東三十里孔貞司建

醒龍菴縣東三十里

水月菴縣東北十五里駝岡之左一在縣西三十里明天啓七年卞姓造

淨土菴縣東六十里明崇禎二年建

秀水菴縣南十五里明崇禎間建

月水菴　縣西二十里毛家嘴地

慈孝菴　縣東七十五里明崇禎三年僧澄起建金壇翰林蔣超有序謂澄起爲淳溪陳尚義第九世孫度已無嗣遂出世焚修以報罔極菴名慈孝者志感慕也

關渡菴　縣治南官渡口明崇禎六年楚僧闡修募建前有茶亭崇禎八年陳元泰胡啓倫捐資建

錦繡菴　縣西南三十里明崇禎閒港口李氏建

德水禪菴　縣東南五十里明崇禎七年僧普照建僧月印住錫於此清規肅然闔寂有塔在焉

天木菴　縣東六十五里明崇禎八年庠生楊惟宗創爲堂菴

龍惱菴　縣西北三里明崇禎十七年僧林叟募建

永義菴　縣西南三十里孫家保順治十年募修

密因菴縣南二十里順治初年建

集慶菴縣南二十七里梁上村順治二年劉姓建

菩化林縣東二里西舍順治四年鄭宗泰陳藹中魏僧春陳象葛陳鼎尹捐資建

永渡菴縣東十五里在桃花澗吳可南僧通曉倡建知縣紀爲之記義塾文會建仕櫝茶亭

崇慶菴望洋門外儒學左邑士詹明典以[illegible]家言路宮[illegible]巽方文星之[illegible]建捐貲倡[illegible]建俾科目南登成謂有裨縣丞孫旭芳更華飾之順治十三年知縣紀聖訓捐貲建亭茲前

福壽菴縣東十五里吳可南捐資倡建

瀨雲菴縣東三十五里游山順治十二年陳森梅僧瀨雲建

準提菴縣西南七里順治九年吳[illegible][illegible]捨地捐資建

橋渡

興仁橋　縣東儒學前

育英橋　儒學左

集賢橋　儒學右上三橋俱萬曆二十六年知縣丁日近建康熙十五年知縣劉澤嗣捐資重建

諸家橋　起鳳橋　積德橋　儒童寺後俱縣東三十里

石壩橋　縣東四十里

步雲橋　舊名石埠橋　開運橋　俱縣東五十里

劉家橋　縣東五十里　王母橋　同上

西溝橋　縣東五里明萬曆四十六年史正爵承邢等捐資倡建

臥龍橋　蔣家橋　嚴家橋俱縣東六十里

驛橋縣東六十里廣通鎮下壩

馬步橋縣東南六十里又見雜志一名二百橋順治八年里人夏希浩希洙捐貲重建

黄連橋縣東南二十五里

張沛橋縣東南三十里跨沛溪明嘉靖三十六年建萬曆初脩崇禎間再脩

曹塘橋縣東南四十里

上橋縣東南七十里跨胥河建平縣界

永康橋縣東七十里一名下橋明萬曆十八年居民呂仗呂侯同建鄞人張予橦為之記見藝文

雙橋縣南十里原為雙河渡萬曆三十二年知縣項維聰時乃有沈鎔沈鏘建石橋

萬壽橋縣治東南萬壽觀左東關外明弘治九年邑民孫策陳緣七建萬曆九年孫瑞陳鑑重修

永濟橋襟湖門外西新橋左初爲甘棠渡有淳橋明嘉靖二十年知縣甘惠造爲木橋名甘棠橋隆慶六年義民陳顯四捐資倡募數千金更造爲石知縣張佐治嘉獎命名永濟凡七洞邑人邢世業造一洞陳時爵陳希文共出銀一百二十兩助建崇禎十六年橋圮邑紳徐一范募資倡重建督工邑民陳化民袁光胤陳履患吳遷錫遷懸捐資助建襄厥成工

東新橋縣治東南望淳門外明嘉靖二年知縣劉啓東建副使建平呂盛有記載藝文

西新橋縣治西南襟湖門外明嘉靖三年知縣劉啓東建號蘇按察副使霽璘有記載藝文

正義橋縣治西一名蔣村橋吳兼烏三年建明萬曆元年知縣夏大勲命邑民蔣國儒重建

常豐橋縣治西常豐倉前明萬曆二年知縣夏大勲倡建

王村橋縣西里許明萬曆四十三年居民王所泰捐貲建

平埂橋縣西七里有上中下三橋俱明成化三年建

仙人橋縣南十五里陳村劉姓建順治初年史文盛捐資重脩

東溪橋縣南三十里

練城橋縣南二十里永寧鄉謝彦恩造

禮村橋縣南六十里梅公橋同上

隆興橋縣西二十里青龍橋同上葛氏建

劉家橋縣西二十里原係木橋明嘉靖間劉閔等爲首建今名長春橋有晏公廟茶亭在上

夏家橋縣西三十里卞家橋同上

戴家橋縣西三十里晏公廟傍

水碧橋縣西南三十里東卽宣城界橋爲兩縣脩造徽宣之水至此澄碧因名焉

里仁橋縣北十五里一名灣橋明萬曆三年邑人邢世榮建

甘家橋東關外一里明嘉靖癸巳年甘元章同男錦捐貲建兼築埂墁路

袁家橋縣東北七里南魏塘北大薪年成化三年袁鑑三捐貲建

姚村橋　笄村橋　棠梨橋俱縣東北七里

木橋有二俱在永濟橋下

雙廟橋縣東六十里張應思募建

斗元橋　新橋王氏建　湯橋俱縣東六十里

劉公橋縣東南六十里在月河堰順治五年里人魏承用建橋歲久圮壞康熙十八年知縣劉澤嗣捐資重建行人德之咸稱劉公橋遂因其名有碑記載藝文

鳳凰橋縣東二十五里明嘉靖初邑人韓烈建萬曆十三年韓邦本置胥樂亭於上

溱橋縣東北三十里東漢末平氏建後廢明嘉靖二十三年知縣胡儒令居民孔沂等建記載藝文

江夏橋縣東北三十里明萬曆初邑人黃可文建三十二年子秉石重建爲之記載藝文

王婺橋縣東六十里當江寧廣德浙省大路行人艱於厲渡鄉人劉啓東妻王氏二十守節無子遂捐積資建橋今年八十有三兼樂施與鄉閭義之故名

永清橋縣東六十里邑貢士張正邦造弟正慶亦助十金橋爲吳越要津先有木梁行者戒心順治八年正邦敎驛歸棄產三十餘畝造爲石橋翰林曹勳爲之記載藝文

官澗橋縣東六十里邑人芮廷松捐貲建梁橋於官澗故名芮邦重有詩載藝文

史家橋縣東二十里

吴相橋縣西南二十里相國圩宋相國吴淵建故名

河城橋縣東南十五里

雙溝橋縣二十六里

登雲橋縣東十五里駝頭明萬曆間李玉鉉倡建

永興橋縣東北三十里藕絲埂上明萬曆四十二年魏德忠造

安福橋縣東北十五里下壩邢致芳建

魏塘西橋縣東五里魏塘村居民袁守鼐建

萬家溝橋縣北二十六里

薛城橋 埒埂橋俱縣西十五里

高淳渡縣治西南

談溪渡縣東二十里舊名龔寨家渡

諸家渡縣東三十里

侯吳渡縣東南二十里

固城渡縣東南三十里

蒯村渡縣東南三十五里

徐村渡縣南十里

雙橋渡縣西南十里今建橋

犁耙渡縣西南三十里

陳家渡縣東四十里

官溪渡縣西七里

施師渡　鮑家渡　練城渡俱縣西十里

錢家渡縣西十里

港口渡縣西二十五里

水陽渡縣西三十里

姚家渡縣西三十里一名永寧渡

分界渡縣西北十五里

祠成渡縣東北三十里

西陡門渡縣西三十里界丹陽湖三汊河爲寧太衝要非舟莫渡邢安之592捐貲設渡

撑龍港渡　沉溝河渡　毛家嘴渡俱縣西二十里

王家渡縣西南二十里保聖圩北岸濫鈔地

祀典志

山川靈祇郊廟神鬼古有祭祀載在舊章尚書秩宗

語齋潔明禋周禮春官愼度精意鄉賢名宦崇德

報功主敬修誠祈祥禳患是宜尹祭勿敢有乖志

其享歆用遵

國典

先師廟祀

先師孔子東西列四配次十哲兩廡列七十二子及

春秋以祭諸儒歲以春秋仲月上丁日致祭

先師用帛一羊一豕一爵三登一鉶二簠二簋二籩

八豆八

四配共用羊一豕一各帛一爵三登一鉶二簠二

簠二籩六豆六

十哲共用帛二豕二各爵一鉶一簠一簋一籩四

豆四

兩廡每廡共用帛一豕一每壇共用爵四簠二簋

一籩四豆四

啓聖祠祀

啓聖公以四氏配從祀四人歲以春秋仲月上丁日

致祭共用帛一豕二各爵一鉶一簠一簋一籩四

豆四

名宦祠祀

明知縣熊公吉

明教諭干公鳳

明兵部尚書肅敏王公廷相正德間知縣

明知縣劉公啓東

明縣丞易公文

明巡撫應天等府右僉都御史周公啓元

歲以春秋仲月上丁日致祭用羊一豕一果蔬各十酒如神之數

鄉賢祠祀

宋參知政事建康郡侯敏肅魏公良臣

宋秘閣脩撰魏國公太師正肅吴公柔勝

宋參知政事少保莊敏吴公淵

宋右丞相許國公少師吴公潛

明湖廣按察司副使韓公叔陽

明山東泗水縣講道魏公銓

明御考廉能江西宜春縣知縣陳公九齡

明福建按察司副使韓公仲雍

明贈中書舍人徐公天衢

歲以春秋仲月上丁日致祭用羊一豕一果蔬之[illegible]

十四鄉神之數

社稷壇在縣治西北一里神厨三間繚以周垣明弘治十七年知縣熊吉建嘉靖五年知縣劉啓宗重修今圮

縣社之神主於右

縣稷之神主於左

歲以春秋仲月上戊日致祭用帛二羊二豕二爵三登一鉶二籩四豆四簠二簋二

風雲雷雨山川壇在縣治東南一里明嘉靖五年知縣劉啓宗建即城隍廟舊址也中[illegible]三間繚以周垣今圮

風雲雷雨之神主於中
縣境山川之神主於左
縣城隍之神主於右
歲以春秋仲月上戊日致祭用帛七羊三豕三爵
三登一鉶二籩四豆四簠二簋二
城隍廟初在縣治東南一里明嘉靖五年知縣劉啓東徙建於縣治西北正義街察院右正廟三間後堂三間前堂三間東西廊屋各七間廟二門三間外門三間萬曆五年知縣王體升重脩邑人張鎰爲之記載藝文萬曆三十三年知縣項維聰捐俸命邑人徐洲陳時升沈鵠夏梓督工重建崇禎三年道士張本龍募脩五聖祠建多福祠於廟內之右至國朝順治十三年知縣紀聖訓以道

會張本龍募捐俸
建祖師殿於廟內

城隍唐溧水縣令白公季康之神主於廟正
歲以春秋仲月上戊日合祭於風雲雷雨山川之
壇廟祭惟守土官到任日酹以牲醴與神誓

邑厲壇初在儒學後明嘉靖五年知縣劉啓東徙建縣治北半里許有神廚三間繚以周垣今廢
歲以清明中元十月朔致祭先期導迎城隍神位
於壇上傍無祀鬼神而祭之壇下設東西二所祭
用羊三豕三果蔬各四羹飯各數十冥衣百餘具

鄉厲壇明洪武八年詔天下鄉都立壇一鄉中耆老主之

用羊豕菓酒如縣期祭本鄉無祀鬼神今廢

先師壽誕

康熙十六年奉

憲通飭各府州縣俱於八月二十七日舉行慶祝

先師壽誕禮知縣劉澤嗣以事屬創典爰酌定禮儀

用帛一羊一豕一祭品一席祝文一道至日黎明

謁 廟行三獻爵八拜禮定爲例

里社壇明洪武八年設每里立壇一祀土穀二神

護寧壇永寧鄉相國圩土名西廟學明永樂間因古吳老硊水漲居民震駭有神降於此赫赫顯

聖里人沈鍊捐地爲壇於是啓無泛溢之患民有豐稔之樂是壇也虵蜒體骨丰姿秀藩衛微垣太乙端地按陽蜁鍾靈毓粹星分軫角霞變雲蒸歲以季春之月沈集劉張奉牲磔攘以祭絜粢豐盛嘉栗旨酒而三姓永祀也

高淳縣志卷之五

疆域志

史稱黃帝時萬國諸侯而神靈之封者山川之守足以紀綱天下也胙土命民者世守之以藩王國一邑之疆域實王國之藩籬定界限通街巷分市鎮辨鄉里聯村保統在域中守土者坐鎮出入必欲了然於心目犁然於冊籍以爲圖治之本也志疆域

疆界

縣在江寧府東南一百四十里東西相距凡一百五十里南北凡九十里延袤共二百四十里

東所至之疆爲邰村長山尖山芝山蘭岡鄧埠蓮花池松墩鋪九龍山

南所至之疆爲金子山蔣山固城湖牛兒港水陽大花灘

西所至之疆爲小花丹陽湖蟹湖

北所至之疆爲塘溝石臼湖鳳棲山仙壇石街界牌船橋

東至東壩鄧埠七十里入建平縣界抵縣共計水程
一百里陸程一百二十里
南至梁上水陽三十里入宣城縣界抵縣共計水程
一百二十里陸程一百二十里
西至小花三十里湖心入當塗縣界抵縣共計水程
一百二十里
北至尋真鋪界牌三十里入溧水縣界抵縣共計水
程一百四十里陸程一百二十里東北抵
省共計水程二百八十里陸程二百四十里西北抵

京師共計水程三千七百四十五里陸程二千六百

六十五里

街巷

宣化街縣治前

崇仁街縣治東

永寧街縣治南

正義街縣治西

阜民街縣治北

通賢街儒學右

育英街儒學右

張家巷縣治西北

徐家巷迎薰門西

傅家巷徐家巷西

陳家巷傅家巷西

市鎮

漆橋市縣東三十里

戴家城市縣東三十里

東壩市縣東四十里

南塘市　縣南十里

固城市　縣南三十里

銀林市　縣南五十里

蘆溪市　縣西十五里

廣通鎮　縣東南四十里

東壩鎮　縣東四十里

水陽鎮　縣西三十里

鄉里

崇教鄉　縣東北十里統都二舊編六里分爲八里

前湖里	薛城里	永康里	清化里
南塘里	汶村里	淳溪里	高夏村
天由村	魏塘村	東岡村	小孫村
西楊村今稱分界楊村與溧水太平分界處	王村保	甘村保	
唐家保	下塘保	長蘆埂	花[illegible]庄
徐家村	李村	中保村	戴村
醇家村	甪墩村	陳家宕	藍村
姚村	平埂村	芮村	東甘村
姚家嘴	東庄保		

立信鄉　縣東南二十里統都二照舊編三里

寺後里　許東里　河城村　檀子村

包頭村　滕楊村　李韓村　姜陶村

邢郭村　南許保　前塘保　南許北保

張家保　衛村保　石臼社　南保

東岡社　前陽社　駝頭社　後保

馬杭村　袁郭村　孔楊村　夏村

唐杭村　前楊村　後楊村　許村

柳村　廧村　江村　田村

中保魏村　後保魏村　南塘魏村　史村

黄村　下塘杭村

永豐鄉縣西十里原編七里今併五里

東一莊　東二莊　東三莊　西三莊

西四莊　南二莊　南三莊　東三南莊

新一莊　中一莊　中二莊　北一莊

永寧鄉縣西十五里統鄉上原編六里今併四里

新安里　登瀛里　水上村　紅楊村

業城灣　棟城灣　徐家灣　牛兒港

寨家灣　上官塲　袁家巢　禮橋廟下

小蘆蓬　伽人莊二名陳村　韭塊村　劉家塲

西塊村　鳳停村　新橋村　來樺村

古蘿村　陡門村　蔣潭村　陶和村

荀村　戴村　魏村　橋頭村

王村　徐村　梁村　李村

章村　俞村　古村　時村　鍾村

石村保　石橋西村　徐村凸　柴村

遊山鄉　縣東南三十里，統都三，原編七里，今照舊

南亭里　東史里　祠成村　界虛村
後埠村　竹路牌村　周家村　舊鎮村
西馬村　沽橋村　湯成村　後高村
固城村　花山村　横路村　甘東村
楊塘村　丁村保　亭子村　路西村
全村保　談家保　安福保　永成村
童家保　山下村　曹村　井頭村
祖家村　東庄村　竹墩村　楊家嘴村
諸村　洪村　窰園保　早御巷

畢庄村　丁壇村　漆橋村　繆家村

夏嘉塘村　庄頭孫村　張師埂王村　高村

安興鄉　縣東北五十里統都二照舊編六里

李溪里　金塘村　豐樂村　獨墅村

塔溪村　東史村　樓下村　高藍村

上塔村　横溪村　茨野村　湯家村

泥馬村　陳村　呂村　宋村

南家保　時橋村　劉家保　南城保

胡家保　朱墠保　董村保　湯家保

周村　獨木橋村　老叔村　二村

同心塘村　松園村　王母村　銀樹村

上谷村　上陳村　下陳村　宕裏村

岡頭村　新庄村　衆棠村　齋塘村

唐昌鄉　縣東六十里統都四原編六里今均八里

水北里　水南村　西舍村　後高村

許村　梅塘村　談村　舍壇村

韓城村　觀村　東夌村　花樹村

萬善村　干墩村　茅城村　龔橋村

周村　西石村　上儀村　橋村
長岡村　湖村　北埂保　新河保
馬社保　東岳社　河北村　河南村
小淵村　下庄村　竹林村　平墅村
率下村　鄒藤村　龍石村　東壽村
西韋村卯廣寺村　淵灣村　虎渟村　荊山村
湯家邊村　石家村　中村　北陵閘村
徐區村　欄港村　陳村　東陵村
官湖村　尚義村　後湯村　青莊塘

葉村　史村　井頭村　王村

張村　施村　沈村　楊村

强村　芮村　檣園村　祖村

故址村　袁村　禮村　西垾村

六房村　横路村　栗園村　松兒村

沈家庄　姚園村　塘橋村　何村

水北社　水南社　東嶽社　塘灣村

東庄村　朱家庄村　新村興村　夏村

新橋村　王馬村　河北王村　河南王村

形勝志

天成形勝地定方隅卜洛觀圖稽今覽昔惟淳所據水九山一浩渺澄明民物是息[illegible][illegible]綿亘千岡巒西南浸陽其湖岸設為舉圖可攷守土者關係安危先後真緊匪睨覽之寓心多飛嵬之在念也志形勝

舊志曰按金陵鍾山左自鍾山蜿蜒迤邐於東為北山大城右繞而南為青龍石堤至竹堂又歷紫巖天闕達於西南綿亘至三山而止於大江此諸葛武

侯所謂龍蟠形勝之最而東南一幹縈紆至廣通鎮駐爲歇憩隴度大山忽起峭峯百餘丈屹然崛峙是爲高淳祖山由是伏而再起爲横山列若屏次爲平原至邰村以及土山茅公鋪逶迤相續爲十八墩正脉出焉南十里至尋眞鋪又十餘里至南塘鋪又十餘里至官墩王村而分爲兩支逆石臼湖而上一爲北山儒學建於其陽一爲鎮山山之麓脉所聚也乃建縣治其餘支西至花瓣墪岡嘴遡官溪河而上爲縣之下沙以收湖水水之外

則雲衮大莛諸山列拱於前山之外嶽寧之水從砂石灣牛兒港入固城湖至官溪河左右環繞焉若祖山發源之水則一出蒲塘橋入石臼湖在縣之北一出諸家橋入固城湖至縣之南合於縣西塘溝分界之閘共注丹陽湖以入江高淳山川之可紀者如此大都邑之高山邐衍為平岡入三湖之中七十餘里山廻水抱民之安居安食也固由之而水勝山孤民之力作困苦亦由之迺今又異昔矣田有滄桑之變而水患仍頻財力日殫山川

猶是也膴膴周原卒荒興歎矣詩曰民亦勞止汔可小康撫封覽是其有省憂乎

淳溪八景 舊定載舊志各有詩載藝文順治十三年知縣紀新定有序并詩載藝文

舊龍潭春漲 丹陽夜月 東壩晴嵐 固城烟雨
定石臼漁歌 花山樵唱 保聖晨鐘 官河夜泊
新龍潭春水 蓮蕩秋容 石臼風帆 固城烟月
定丹陽夜泛 保聖晨鐘 花山曉雲 楚山仙洞

山川志

崑崙發祖東海朝宗嶅嶆盡屬兒孫涓滴亦歸支派惟淳所據於水爲寬聳峙者則首以鎮而待名秀麗者爰以殿之而爲號丹陽固城石臼三湖何異

三江鎮爵花與秀游五方不殊五嶽其他巒阜澗溪統轄治疆迴環境內勿可矜其險阻具堪縱此

大觀作山川志

山嶺

鎮山縣東北一里高淳古鎮山因以名勢從石臼湖來瀕於固城湖縣治在焉有詩載藝文

學山縣東一里其麓爲儒學

禪林山縣東三十里有禪林寺有詩載藝文

大游山縣東三十五里大雨上出雲氣頂有玄帝廟南有石牛古蹟

爵山縣東三十五里與大游山接山之圓秀者是

游子山縣東三十五里一名小游山視諸山獨高前有危石列峙金陵志云高二十丈週迴一十里上有石壇舊經云孔子適楚嘗經此山溧水志亦載又名綿山舊志云石壇古冢人馬尚存相傳爲介子推墓有詩載藝文

溧山縣東四十里明天順間吳祭酒撰公宇記以溧山之陽名縣義取諸此

小茅山栗山東南二里

遮軍山縣東五十里山北有水下入固城湖金陵志云高五十五丈週迴二十三里

畫眉山縣東五十里與遮軍山並峙固城湖濱

瀚山縣東六十里舊志云即卞和獲玉之地界於溧水溧志亦載狀元朱之蕃有碑記新建寶華菴

芝山縣東六十里有三十六洞跨溧陽溧水之境故二縣亦載金陵志云高三十九丈週迴四十里

有李子洞泉出沸湧相去三百步爲燕洞有石燕遇雨則飛晴則仍落爲石謂旧穎之亂邑人避兵於此廣可容數千人建康志云山嘗產芝草上有數十洞梅仙洞者漢梅福嘗居其中

洪陶山　縣東五十五里

丰薄山　縣東五十五里與洪陶山連

竹山　紅豆山　陽堂山　廟岡山　俱縣東六十里

木城山　縣東六十里四面皆山突起平地中甚[illegible]昔紅巾之亂民避此[illegible]於上守之故名

大山　縣東六十里有許[illegible]文

西山　縣東六十五里

正賓山　黃茨山　俱縣東七十里

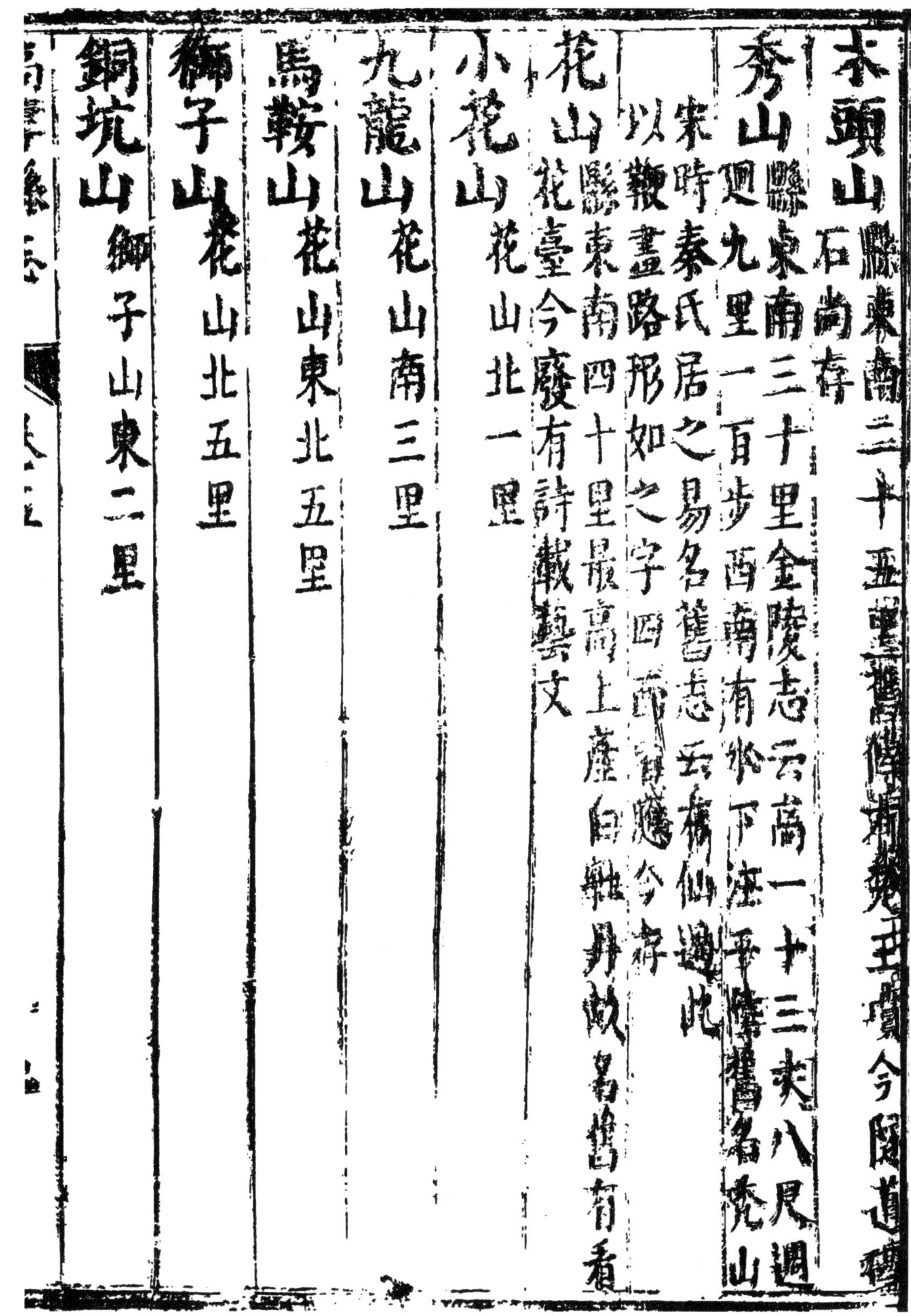

求頭山縣東南二十五里舊傳有秀王墳今隄道碑石尚存

秀山縣東南三十里金陵志云高一十三丈八尺週迴九里一百步西南有水下注平疇舊名禿山宋時秦氏居之易名舊志云有仙過此以鞭畫路形如之字四面有蹟今存

花山縣東南四十里最高上產白牡丹故名舊有看花臺今廢有詩載藝文

小花山花山北一里

九龍山花山南三里

馬鞍山花山東北五里

獅子山花山北五里

銅坑山獅子山東二里

千墩山　縣東南六十里形如衆星綿延十里

鳳凰山　縣北二十五里上有勒教寺鳳凰樓賽樂亭

馬城山　縣北二十六里有明進士許契陵墓堂今廢

武山　縣北三十里俗名武家山明進士韓邦憲為之記載藝文

軍山　武山西五里形如龜一名龜山在石臼湖中山頂有復之寄聲

塔子山　馬頭山　龍墨山　高山　俱在石臼湖中

鵝池山　武山西二里形如蛇有四名百步灘

祝家山　蔡母山　俱縣東三十里

墮棠山　石坑山　小山　俱縣東北五十里

饒山縣東六十里山勢高聳下有天泉乃禿水池毋遇旱歲遠近咸取汲於此

象山縣東五十五里上有大路明崇禎九年三月[illegible]風雨晦冥中起一龍土裂路分首尾鬚鬣遺跡宛範約長三丈餘萬人往觀有醫士汪世者掘其首下之土煎水片數升亦奇[illegible]

秀山嶺縣東四十里

䄂鎗嶺縣東五十里

彰觀嶺縣東六十里

鳳嶺縣東北五里

岡隴

保聖岡　東岡　載村岡　冷飯岡俱縣東五里

棠欒岡 縣東十里

松園岡 縣東十二里

壇子岡 搖岡 俱縣東四十里

高笠岡 黃泥岡 俱縣東五十里

長岡 縣東五十五里

錢塘岡 走馬岡 平塘岡 俱縣東六十里

尖墩岡 縣東六十里有小墩數百一名千墩岡

雙廟岡 縣東六十里舊有二廟故名

燒園岡 縣東南十五里

桃花岡　縣東南十五里有九十九墩

木竹岡　周岡　縣東南四十里

界牌岡　縣東南七十里建平縣界

太經岡　縣西七里

花犇岡　縣西北五里透迤曲折至蘆溪止

史家岡　東吳岡　俱縣北二十里

任慕岡　縣北二十五里鳳凰山南

烏墩岡　縣北二十八里

翔鳳岡　戴家岡　俱縣東北二十五里

長豐岡　縣東北二十五里上有主簿楊關廟

東龍岡　縣東二十里舊載無考

竹墩岡　牛莊岡　俱縣東五十五里舊志載無考

朴樹岡　嚴家岡　鄭錢岡　孫家岡　舊志云俱無里數皆在縣東未詳其處

歇息隴　縣東北五十里袁延重複爲金陵過縣要撓之阨塞也

董家隴　縣東三十五里

伏虎隴　石子隴　俱縣東南四十里九龍山處

墩坳　寨嗪附

萬石墩　徐盧墩俱縣東一里
紗帽墩縣東十里
馬埠墩　竹絨墩俱縣東三十里又名築成
盤墩　搖墩俱縣東四十里
十八墩　二蟾墩俱縣東五十里蟾墩有李溪卷
望虎墩縣東五十五里
東流墩　蒼龍墩俱縣東六十里
鳳儀埒墩縣西十五里相連三墩舊傳有鳳棲於此宋時古樹尚存
薛家墩縣西十五里

文星墩 縣西二十里

官墩 縣北一里

青墩 縣東二十里有明永樂間紹興知府邢典茂林書院址

禪墩 縣東二十里幽棲楊村西

新墩 縣西河中明崇禎七年庠生陳一科翟思慶以形家言縣治據湖衆入壞反與其下宜築墩以砥其流乃請知縣杜冠世築墩於傳家灘奪圩基所督人夫春時興工各圩一□不日成之高廣如式僧無慧建萬明菴其上少有利焉

徐家墩 固城湖中明崇禎八年徐一謙築墩於上為往來客舟泊避風雨行人利焉

拔船坳 縣東南四十里花山東北有月泉寺今廢基礎尚存

趙家寨縣東三十里

鳳凰寨縣東南四十里花山南

湖河

丹陽湖縣西二十五里東與龍潭河相接週迴三百餘里舊志載一百九十里誤中流與當塗縣分界東北連石臼湖西北出太平入江西南受蕪湖江水東南受宣城水及固城湖水舊志載其源有三俱謬按戰國策張儀說秦王昭曰襲郢取洞庭五都江南蘇秦傳曰五渚註言即五湖五湖日太湖日射陽日青草日丹陽日宫亭宫亭即彭蠡而丹陽者三湖之通名也分之則有固城石臼可當彭蠡之扁舟五湖即此地有齊謝朓望三湖詩又唐李白常愛遊此張既載酒縱意往來亦有詩蘇軾諸陞詩悉載藝文

石臼湖　縣北二十里縱五十餘里橫四十餘里西連丹陽湖中流與溧水當塗三分爲界中有軍山靈墓山馬頭山塔子山其東廬山一源由此以入丹陽湖舊有二派入龍潭河梅家港經湯家埠通溧水北達帝畿實塞明洪武二十五年命崇山侯李新開湖胭脂岡爲河導湖水會秦淮河以通漸直糧運今漸淺塞屢開屢塞湖水寖減詳水利志有諸人遊湖詩載藝文

固城湖　縣西南五里縱二十五里橫三十里北通丹陽石臼二湖南岸與宣城縣溪相界舊志載與當塗爲界謂固城之名詳載古蹟湖東有廣通鎮壩壩下舊有五堰障湖水自宜興入太湖後因縣常水患以石壅壩水遂阻詳水利志有詩載藝文

官溪河　自縣南面西環賓陽望洋迎薰襟湖四門卽淳水東與固城湖丹陽通經花瓶岡北入石臼湖

溧橋河 縣東三十里詳見水利志

胥河 縣東南四十里春秋時伍員伐楚鑿河由鄧埠抵廣通鎮故名河之南岸屬建平北岸屬高淳

中河 即胥河以其在東壩下壩之中東西不相通故名長十餘里

漕塘河 縣東南四十里

龍潭河 縣西二十五里即永豐圩西小花外大河河之外即丹陽湖東自西陡門起至北老鸛河止

水陽河 縣西南三十里有上下二處過水碧橋為上水陽屬宣城

澄溝河 縣西三十五里宣水由此入蕪湖太平近宣岸水濁近此岸水清

溪澗

淳溪在縣治古名淳溪

談溪縣東二十里

石臂溪縣東四十里

李溪　　藍溪俱縣東五十里

河𣸣溪　保久溪　灣瀧溪　漕田溪　棗橋溪

新橋溪俱縣東六十里通中河

沛溪縣東南三十里

東溪縣南二十里

花溪縣西南二十里

北中溪縣西南二十里相國圩今呼大横溝

嚴溪相國圩北

龍溪縣西南三十里大河下接黄池通蕪湖

滄溪縣西十五里有宋古倉基

蘆溪縣西北十里漁舟所泊幾十里不絕

煉溪縣西北二十里

汶溪縣東北七里舊呼汶溪龍口

桃花澗縣東十五里

周思澗縣東四十里前有歇息隴

龍淵潤 縣東六十里深泓莫測

王母潤 縣東南五十里舊訛爲河没潤有泗洲廟龍華寺

潭灣

濮家潭 縣東五十里廣百畝大旱不竭中有龍云

白龍潭 縣南十五里蔡家圩内白龍見則有水灾

蔣家潭 卞莊潭 西埂潭 俱縣西十五里

楊村潭 縣西北十五里分界地方

傅家潭 縣北十里底有泉穴不絶

鐵牛潭 縣北十五里大蓟圩内

史家潭縣南二十里

南城灣縣東三十五里下有石湫壩水出固城湖

潭灣縣東南十五里廣二百餘畝長二里明正德五年水衝永豐圩有此

練城灣縣南二十里

茅城灣縣南二十里見古蹟茅城

月潭灣縣南二十五里

葫蘆灣縣南三十里係宋樞密使芮甫君子炎八闢地所居

燒魚灣　西廟灣俱縣西南三十里

戴家灣　梁家灣俱縣西十五里

新橋灣縣西十五里

龍潭灣縣西三十里中有龍旱禱徹應相傳宋景炎二年有耆民邢廸吉督築永豐圩會雷雨西來有龍落於水面蟠旋成灣因卜居焉

龍口灣縣北十里傍有淨行寺

馬家灣縣西南五里

河城灣縣東南十五里固城湖北

卞家灣縣西二十五里

丁家灣縣南十五里

溝港

澄溝即澄溝河見前

塘溝縣西十五里

横溝縣東北二十五里溧水分界

夾漕溝縣南十里

沛橋港縣東三十五里

韓成港縣東六十里有韓成菴

丫溪港縣東八十里俗呼爲椏枝港

石壩港縣東南三十里祝家山北

楊柴港　縣東南四十里

牛兒港　縣南二十里

於家港　縣南五十里

撑龍港　縣西南三十里

棠梨港　縣北十二里

河城港　縣東南十五里

韋氏港　縣東七十里明崇禎十三年居民韋祚濬

灘嘴

楊栟灘　縣西南三十里

大花上灘 大花下灘俱縣西南二十五里

高家灘縣北十二里棠棃港西地名龍口

溧水嘴縣西南三十里

鰄魚嘴縣西南三十里犁耙渡口

費家嘴縣西南三十里撑龍港渡傍一名芮家嘴

毛家嘴縣西二十里

塘蕩

魏塘縣東五里

南塘縣十五里宋末邢雙四建樓於上名曰見山今廢

鴨鴈塘縣東八里

沒溪塘縣東北七里

張新塘縣東十里

曹塘縣東南四十里

殷家塘　角弓塘　楊家塘　蜈蚣塘　樊塘

藕塘俱縣東五十里

鶴飛塘　大斧塘　鴻鴈塘　從明塘　大塘

廬塘　上下竺塘俱縣東六十里

桲塘縣東七十里

連池塘縣東南七十里二池相連故名

花陌墖 張塘俱縣南三十里

烏龜塘縣南五十里 青桂塘縣南六十里

蓮花塘縣西南十五里廣二百餘畝有蓮溪橋明洪武間隱士葛蕙卜居焉

下塘縣北十五里

蓮花蕩縣西南十三里雙橋渡西

鍋底蕩縣西南三十里見水利志

井泉洊附

縣井一在舊主簿廨 一在吏廨 一在獄

大成泉井　一名既濟泉分縣初府丞莫綺鑿於東齋南道義門外以制火災嘉靖四年知縣劉啓東重甃後湮塞致燬毀康熙十六年知縣劉澤嗣捐資重浚有記載藝文

澄清井　察院內知縣劉啓東甃

萬壽井　萬壽觀前

保壽井　保聖寺內

義泉井　縣南三十里蓮花塘菴內吳赤烏二年鑿宋延祐己未重甃

西關井　西關內其泉清冽可療疾

龍泉井　天府井　俱縣北七里

尋眞井　縣北二十五里尋眞觀內即古讀丹井

協帝井東壩關王廟前萬曆二年甃

五顯廟井　沛橋井　松兒鋪井俱明嘉靖初年知縣劉啓東甃

谷岡井縣東五十里泉可療疫

陳家井西關外陳家宕内

王村井西關外王村保内

花街井縣西五里宋保祐年孫德昭甃

薛城井縣西十里

楊村井縣西十五里一名鳳泉在楊綰祠右

卞家井縣西三十里

乳家井　劉家井　印馬井俱縣東三十里

史家井縣南二十里

上所井牛兒港舊河泊所

河没澗井縣東四十五里明崇禎七年陳旗公鑿

高井縣東六十里大山麓盤石下鑿深三丈餘泉自石罅中涌出芳潔異常以在高阜故名

横溪井縣東六十里在横溪埂宋孫氏居此遺井存九今存其一里人童繼高嘗爲脩濬

袁家井縣東五里魏塘明萬曆二十三年鄉民袁宗廉鑿

磚砌廟井縣南二十五里明嘉靖初知縣劉啓東鑿

同和井縣西二十五里在磚墻村坎廟基前

埰上井縣南二十七里

七星井縣西二十五里木樨臺側地形若旗鼓故名

南塘井南塘鋪

吳家井南塘官路之右石欄綆痕甚深內有花竹紋

芮家井縣東十里湖頭元至正壬辰年芮梓材建明弘治庚子年芮芳八重甃

汶溪井崇禎三年居民袁立忠甃

茅城井縣南二十里元祐間劉莊[illegible]有行巷

寺前井縣西三十里劉莊寺左

唐家井縣東南十里湖頭東保

天井縣東北六十里竹山東畔深尺許泉從石孔出民引灌田傳有尚書居此忽地出一筍截去泉湧以磨礱之泉從[illegible]眼出
邑人張應觀詩見藝文

桃花澗井縣東十五里永渡菴[illegible]順治八年吳可南倡鑿

龍王泉縣東三十里禪林山後泉味清冽能愈疾

張菁滄縣東南二十五里

高淳縣志卷之六

水利志

水之爲性就下其常也惟淳之水有所不同一壩扼其大勢三湖受其衆流邑之利害造端於此審源辨委實存乎人利少害多必窮厥土是故圩堤壩堰塘渡池河各欲析其瀦洩彂會之繇以知順逆起止之便俾治兹土者有所考據焉作水利志

淳溪迎薰門外大河東自渡口東南一里受固城湖水會興仁橋廿家橋經大通橋下至永濟橋西出官溪河西流

花犇岡南會孔師渡過錢家渡出分界渡下塘溝北入石臼湖

沛溪縣東南三十里源從溧山茅山一帶水出積德橋過石壩港至張沛橋會雙河口沛溪東里許經前村渡固城渡西入固城湖

漆橋河縣東三十里源從溧山以西龍王廟下溧山以北諸家橋下合龍墩蛇漕溝即龍墩河經船橋出漆橋過祠戍渡張家滄黃連橋會談溪渡及侯吴渡南入固城湖

漕塘河縣東南四十里源從九龍山澗水北流經漕塘大壩會前村渡渡見沛橋下

楊柴港花山西并石頭山澗水入固城湖

牛兒港固城湖西南與宣城界合慈溪水達空相寺右出水陽大河

橫溪縣西南二十里受固城湖水從雙橋渡經蓮花蕩渡西三里至陳家渡即橫溪下犁耙渡會鰱魚嘴即渡口水出澄瀆

茅城灣縣南二十里自雙橋渡西南徐村渡及相國圩仙

人橋水下埰上廣濟橋出水陽水碧橋與宣城分界處

滄溪縣西南十五里分淳溪水過練城灣月潭灣沿永豐圩北埂出撑龍港渡下芮家嘴注丹陽湖芮家嘴近撑龍港渡乃湖水出入之處最爲永豐圩要害

龍潭河縣西南三十里即永豐圩西陡門外河南自澄溝西會撖柴港受蕪湖江水同至芮家嘴水溢之時與湖無別

桃花澗即桃花岡以西水經下塘出棠棃港土橋會汶溪青龍橋及高家灘地名龍口即棠棃港西出趙倩圩南

里仁橋注石臼湖

藕絲堰縣北三十里水自尋眞觀北澗至石臼社鳳凰橋折入橫溝與溧水分界溝匯戴家城江夏橋並出堰口爲石臼湖堰內有圩埂一十二座散水田九千共計萬有餘畝舊原無壩惟一線土埂數遭風波之患水災頻繼民不聊生明萬曆三十八年居民魏國佐捐資五兩鄉紳韓仲雍助銀三兩倡義建造石壩於是兩邑居民同呈府縣申請撫院徐嚴批兩縣踏勘舉壩長魏正觀張宗志等派費買石砌成石壩壩高二丈厚三丈濶一丈又置閘板以時啓閉潮水洪大則築土以距之水涸則去土以洩之壩成之後十年九稔始事纂壩功誠無量

洪漕壩縣西三里水自樑湖門外西新橋及正義橋過永

豐倉橋至壩北隨花犇岡出薛城大漖橋注石臼湖壩以花犇來脉久塞不得通舟明萬曆二十五年知縣丁日近議開復廢壩南水仍下官溪河

蘆溪西北十里水出大河沿即為石臼湖冬春水涸兩岸皆草場明初所開運河從東壩至此過溧水天生橋

天生橋河雖屬溧水乃石臼湖東北水道為高淳要害明萬曆十五年大水山崩斷流二十五年知縣丁日近以鄉官張應亮庠生趙翀彥呈請疏鑿天生橋粧禁約碑有重濬天生橋碑記載藝文

東壩縣東南四十里一統志載余家堰詳邑人韓邦憲壩考載藝文

中壩在東壩下下壩之中長十里古胥溪也東西皆不得與水通惟有蔣家土橋一源經王母淵注此河今淵口復築隄以備溉河之兩涯多墾田

下壩亦五堰之一即舊分水堰有驛橋亦胥溪也水東下平墅土橋千墩山東有淵河出此及鄧埠下橋入溧陽三塔蕩

大山水縣東北七十里一源東出丫溪港今人呼為椏枝港至蘭岡

土橋胥河口圖經云五堰東入溧陽三塔蕩是也

一源西出馬步橋及嚴家橋入胥溪

以上載水源及所經入其隄防瀦蓄若圩埠等類

竝錄於後

永康圩　大辛圩　莿綴圩　永保圩

珍珠圩　小辛圩　右辛圩　太安圩

永安圩隆慶元年孫璦脩　沙圩　東圩

長壽圩　門陡圩　義豐圩　太平圩

大豐圩　安福圩　西舍圩　永興圩

西大豐圩　南蕩圩孫瑷脩　吳家圩　趙倩老圩

唐幸圩　永定圩郎瑯家圩　大葑圩　竹城圩

趙倩新圩　周家圩　唐興圩　徐家圩

沙灣圩　蠶朮圩　史家圩　黃公圩

正興圩　平埂圩　永鎮圩　東太興圩

苦辛圩　西太興圩　中太興圩　甘家圩

楊家垾　南壇垾

以上俱崇教鄉

永熟圩　趙家圩　楊家圩　侯五圩

汪財圩　長城圩　天保圩　化城圩
議城圩　道士圩　趙倩圩　許家圩
史家圩　唐倩圩　永堅圩　永中圩
永南圩　永北圩　馬成圩　楊徐圩
羊毛圩
以上俱立信鄉
梅忠圩　陳家圩　平家圩　橋南圩
保圩　倉前圩　秀山圩　北家圩
保成圩　周家圩　湯家圩　朱家圩

前村圩　巫山圩　陸家圩　史興圩
保安圩　德成圩　路西圩　新圩
浮山圩　義成圩　宋家圩　唐家圩
瓠塘圩　天保圩　侯埠圩　錢村圩
周堽圩　新興圩　葉家圩　王家圩
馬家圩　楚城圩　石城圩　諸家圩
白路圩　陳莫圩　城畱圩　寶圩
雙埠圩　史家圩　張綱圩　三小埠
黄連埠　卷背埠　東埠

以上俱遊山鄉

石井圩　穤稻圩　骨頭圩　東鄰圩

木竹圩　徐溪圩　韓城圩

周家圩　楊家圩　神仙圩　黃家圩

稠林圩　橋頭圩　搶石圩　曹家圩

尚出圩　草塔圩　瀨酒圩　下蕩圩

陳家圩　柘埠圩　漕墩圩　下灞圩

溪灘圩　大旱圩　陳麻圩　新埠

以上俱唐昌鄉

相國圩　內田四萬八千畝週四十里春秋時吳築固城爲瀨渚邑因築是圩附於城爲吳之沃土後吳丞相鍾有寵於君因以是圩賜之故名順治七年知縣崔掄奇丈量田多虧折

秦家圩　宋以永豐圩賜秦檜因築是圩以附之故名　　保聖圩

隆興圩　　蘆埠圩　　馬家圩　　仙人圩

淳安圩　　戴家圩　　長安圩　　劉家圩

永豐圩　　保順圩　　秦仙圩　　尖刀圩

和尚圩　　天保圩　　年興圩　　南壇埠

淳奮圩　　長慶圩

以上俱永寧鄉

永豐圩舊志按文獻通考曰宋紹興二十三年詔以永豐圩賜秦檜檜死圩復歸有司臣僚言秦檜既得永豐圩竭江南漕計脩築堤岸自此水患及於宣池太平建康昨據總領所申通管田七百三十頃共理租二十一萬一千餘秤當年所收總及其半次年僅收十五之一假令歲收盡及原數不過米二萬餘石而四州歲有水患所失民租何翅十倍乞下江東轉運司相度本圩如害民者廣乞依浙西例開掘及免租戶積欠從之又江東轉運司奏永豐圩自政和五年圍湖成田今五十餘載橫截水勢每遇泛漲衝決民圩爲害非細雖營田千頃自開脩至今可耕者只四百頃而頃害數州民田失稅數倍欲將永豐圩廢掘潴水其在側民圩不礙水道者如舊詔從之其後漕臣韓元吉言此圩初是百姓請佃後以賜蔡京又以賜韓世忠又以賜秦檜繼撥隸行宮今隸總所五十年間皆權臣大將之家又在御府其管莊多武夫健卒侵欺小民甚者剽掠舟船囊橐盜賊鄉民病之非

圩田能病民也於是開掘之命遂寢明邑庠生韓仲孝曰按永豐圩築於政和五年是時溧水已屬江寧府建炎以後屬建康府而寧國志復載紹興二十三年以永豐圩賜秦檜乾道元年八月以永豐圩田賜建康都統司二年六月廢永豐圩何也又按溧陽野志云永豐圩今屬高淳縣在東壩之上使宋氏未築東壩則水患當由溧陽荊溪及三吳矣何至太平建康耶此東壩已築之明徵也愚謂非也此正足徵東壩之未築矣蓋太平建康宣州皆在蕪湖下流江水漲時先從蕪湖入丹陽固城徑從東壩下溧陽則水勢已殺其七八乃於丹陽固城之中橫埂一永豐而僅留今之淳河為咽喉則江水停泊於丹陽石臼遂為宣州太平之害而其潰盈之勢寧不及建康哉此當時所以有廢永豐圩之議也嗚呼永豐圩築而四州不能當其水患乃東壩築而一邑能當之乎圩既不得廢而壩復不能開民之水厄與淳終始矣讀志至此不能不三歎

天保圩　家興圩　老新圩

南蕩圩在永豐圩傍明弘治二年居民劉鑑三同豐城府李謙等奏請築埂開墾糧田二萬餘畝五年報成恩給官帶府丞冀綺親勘有詩載藝文萬曆三年孫瓊重脩厥功甚巨此圩本崇教鄉然與永豐相界故亦載入

以上俱永豐鄉

石臼湖縣正北二十里東至永甯圩永中圩永北圩西至當塗縣丹陽湖中有大河爲界其河沿自北一帶至南俱石臼湖莎草塲歲納平米五石南至老新圩邢家圩鋼刀圩教化圩

丹陽湖縣西三十里居三湖之中此其一焉內有象馬草塲湖中流界當塗明萬曆三十四年塗與淳爭取茭興訟按院龔批當塗知縣王耆謬以淳業盡在固城湖而丹陽以大河爲中流將全湖

斷屬當塗至萬曆四十四年生員劉應騏邢一詳居民劉魁邢安等失業不平以減制占殺連名具控按院騐立委應太徽寧四府刑廳會勘始斷令兩縣人民照前各遵舊制水泛則同禁同採水涸則各執各業公同立石業有歸屬界無紊亂訟亦永杜騐院批當高空有分土而爭湖之勘議者不能無分民以爭立爭此前局所由不定也既經各廳會勘准如詳行繳至縣候趙溧水縣徐本府京兆姚具

在鐵案

月河堰下壩中河舊濬有月河減水河口舊築土埂疏商年久衝瀉隨築隨潰歲費不貲順治十三年生員魏台居民魏承參等目擊不堪呈請縣示捐資築堰復買田開溝減水極其堅固河水渟注行旅

稱便

興家灣在永豐圩北至冬涸北陡門淤不能出瀉下壩之水屢遭水患永豐圩新設陡門於其外以

僾出瀉司役者以欲速未堅致天啓二年河水暴漲衝決減潭人戶逃散居民劉定富定椪定瀾邢祖尹等戮力督築廢而復興因有是名

吳漕壩考

吳漕壩 縣西二里五代末吳王楊行密漕河築見壩

太安圩壩 縣治西崇教鄉吳赤烏間建其田高下不一明萬曆二十七年居民薛國儒等告築四壩二埂界一爲三高下兩利刻石爲記

大壩 瑤岡壩 俱縣東四十里

呂家壩 去東壩三里儀鳳菴下建平序班呂維進築

中埂壩 縣西南相國圩

李壩 縣西五里老新圩四面皆水明正德三年知縣李岫督居民李瓊就河中築三壩因名李壩

均豐壩縣西二十五里保聖圩萬曆七年居民戴瑞捐資築圩田負之

鄧壩永豐圩明隆慶二年居民趙鑑捐貲告築上下均利邑人韓邦憲爲記有碑亭伊侄應楫重修

沈家壩縣西二十里

石壩　永豐壩　王城壩　石湫壩俱縣東北五十里安興鄉

中壩去東壩五里中河之中舊壩歲久廢汲明嘉靖間居民傳相傳際傳梁等捐資重築今復廢斷址尚存

上陡門相國圩上圩洩水處

亮陡門相國圩下圩洩水處

東陡門永豐鄉滄溪

西陡門永豐圩

北陡門永豐圩

胥利埝相國圩東明正德中建萬曆四年重建

青苗埝相國圩西宋秦定三年建

馬家埝　大埝俱相國圩

劉二埝永豐鄉

劉家埝永豐鄉

鴻臚埝永寧鄉相國圩舊吳老埝右埂有古石獅欄傳爲吳相國居址

扁埂在相國圩南本圩形勢東南高阜西北低窪圍築上下壩以禦禦水又有中埂壩

踏路壋 相國圩

横壋 永豐鄉明萬曆十六年因風浪破圩府丞許奏給官銀砌築以捍湖水長五里

河上壋 **一字壋** 俱永豐鄉

塗泥坊 縣西南三十里抵徽宣大河之水為相國圩險要處先年屢築不成有仙人過此以手塗泥故名

護浪堤 南蕩圩田四萬畝北抵丹陽湖屢遭衝決淹沒明萬曆四年庠生楊淡告築護堤十里已成七里其三里係當塗民居厚檀灘地阻不容築圩長楊天寵復告撫按勘問凡十七年斷價增至二百二十兩買厚檀地二百畝始得築完由是南蕩圩固而諸圩亦固名曰護浪堤

楊家潭 潭界南蕩長壽二圩北當丹陽湖自明嘉靖末以來連被衝決廢田二百畝及後告築護

堤潭之內外夾為兩堤平廣

六百餘畝引注諸湖之水

鍋底蕩縣西南三十里相國圩因築上壩扁壩水壅

於此形如鍋底其中田皆低潦明隆慶間知

縣鄧丈量虧田一百八十餘畝因減科定為三折

之額至國朝順治六年知縣崔掄奇丈量田數

虧折如故計水利

者所當留意焉

築壩後三湖廢圩名目

手巾圩　大塘圩　李家圩　張家圩

小塘圩　霍家圩　小辛圩　廟塘圩

朱家圩　季家圩　回回圩　鄭錢亦字堰

復興圩　徐家圩　常豐圩　獅子鍾字堰

馬家灘　三保圩　長豐圩　史家圩
唐興圩　荒平圩　湓風圩　大平圩
紅砂圩　廟墩圩　楊埠　新圩
耆埠　唐家圩　抱背圩　劉家圩
季家埠　沙埠　新興圩　南北二圩
永成圩　長保圩　南長保圩　大小圩
新興埠　魏家埠　萬家圩　葦筒圩
東上垻　龍家堰　蘇家垻　石嘴垻
潘家埠　城西埠　橋蕩灘　謝家灘

高家堰　朱家埠　吳家灘　河北大麥灘

小許家圩　史家圩

以上俱固城湖

史村圩　福興圩　尖刀圩　蔣莊圩

永中新圩　永北新圩　永南新圩　新興埠

徐家圩　打野圩　施家圩　單山小圩

矮圩　搪風圩　破長圩　新興圩

以上俱石臼湖

吳家港圩　老鸛嘴灘　燒紙灘　和尚灘

鐵刀埠　平塲圩

古蹟

周邦秦國漢寢唐陵鎬洛舊京吳楚故都世殊代異名在蹟存亘古及今按圖考籍無分巨細宜識源流塚墓墳丘倂得臚列作古蹟志

固城縣南三十里春秋時吳所築高一丈五尺週七里三百三十步子城一里九十步見乾道志按滕公廟記固城吳瀨渚縣也楚靈王伐吳脇此城吳移瀨渚於溧陽南十里改爲陵平縣楚平王立使蘇代將兵再敗吳軍改陵平爲平陵及伍員奔吳舉兵敗楚燒固城城遂廢宋紹興中溧水尉喻居中得東漢溧陽長潘乾校官碑於固城湖湄以爲固城卽漢溧陽縣址至唐初析溧陽溧水二縣

而溧陽徙於永陽江北固城地遂屬溧水今屬高淳又前漢地理志應劭註云溧陽溧水所出蓋南湖也今固城湖人稱小南湖是溧水即溧陽固城其遺址也舊有楚平王廟今改祀土神又有楚公子墓笞人有詩見藝文其南有趙家寨宋宗室趙良淳宦安吉州元兵陷城不屈而死弟良效率衆至此築居後其孫趙同文遷河城村至明初趙漢臣從胡大海征閩陣亡贈爵萬戶其後趙柜襲栁州南丹衛千戶

開化城縣南五十里環三里六十步高五尺有廟未詳所自寰宇志云開化城在固城東即溧水舊地今廢

竹城縣東南六十里環二里高五尺有廟未詳所自今廢其地亦無考今按固城渡南有竹城圩疑即此宋周美成有詩見藝文

皇姥城縣東大山南週五里七步子城週一里一百一十四步高厚皆五尺有廟未詳所自今廢

薛城縣西十五里週二里七步其自無考或云晋時居此及元時有邢光輔者築城禦寇洪武初都建康遂往勞軍以城屬焉今遺址尚存林木繁茂幽雅僻靜人多遊覽焉邑人程一中有詩載藝文

磚牆縣西二十五里相傳宋周察舊宅也察父省嘉定間仕待詔遷御史中丞察從父至京舅氏吳柔勝薦之嘉熙二年尚公主淳祐間命知府孟珙卜周瑜舊宅修爲察居以磚爲垣週一里至明初造京師城有周昭者拆其牆以赴工得先完太祖嘉之賜名周先授太倉鎮海所百戶今遺址尚存六丈餘厚二尺磚有孟修字記至今稱爲磚牆周云

周瑜故宅見磚牆下

雞鳴議事堂縣東三十里亦固城舊蹟不知何時建

煉丹臺縣東二十里談溪渡口舊傳許旌陽煉丹處明萬曆八年韓氏卜葬於此掘土七尺餘得鐵劍二口瓦鑪數枚

魏良臣故宅縣東十里南塘鋪良臣子孫徙宣城未徙者尚居此地今南塘井即其故址九龍山淨行寺為魏氏香火置有祀田每歲八月廿三日良臣誕辰子孫必往拜焉

仙人路在秀山路形如之字四面皆然相傳有異人以鞭畫之如此又山之東南數丈有松截去枝幹隨即復生因呼為仙松云

丹井在尋真觀中相傳為許旌陽煉丹井也基上舊柏大十餘圍幹有枯者皮不東幹而生幹發叢榮茂與枯枝間出有數枝杈椏特起如虬龍爪踞巔皆倒掛若攫拏狀云為旌陽以枯楂植而復生者

永豐倉 南三十里下水陽今廢

木樨臺 縣西南二十五里王村王小山昔太原人隨宋南渡僑寓永寧鄉之麓見其傍土阜峻廣因手植木樨數本於上復構臺榭以護之數載間花呈五色芬香異常至明洪武間或以聞諸朝乃歲遣中使採花以獻時尚書齊泰王所出也嘗爲詩以紀其勝後以中使繁橫奏請停止謂不宜以一草一木之異重傷國體太祖允而罷之不踰年木樨亦枯瘁今遺蹟尚存子孫皆居其處人皆稱爲木樨王云

泰詩載藝文

茅城 縣南二十里相傳三茅祖師煉丹處也有城今廢宋劉政孫宰關居於此

雙女墳 縣東三十里唐崔致遠乾符中溧水尉曾爲詩吊之夜感二女稱謝曰兒本宣城郡開化縣張氏二女少親筆硯長負才情父母匹於鹽商小豎以此憤恚而終天寶六年同葬於此

劉家墚縣西南二十七里宋忠臣劉綺肇基於此今名墚上村

劉侯祠縣西二十里明萬曆初知縣劉啓東有惠澤於民民懷之建祠祀焉今廢

塚墓

晉

介子推墓縣東三十五里遊子山一名綿山上有古塚石人馬相傳爲介子推墓環墓前田地稱曰介虛

唐

慶王墓縣南十里南塘有慶王墓王名弘茂元宗第二子幼穎異不喜戎事每與賓客朝出宴遊以詩賦爲樂年十九而卒

宋

參知政事魏良臣墓 縣南十里南塘

文宣卞公勐墓 在相國圩西埂高狼渡有郭

樞密院使曹利用墓 東四十五里銀樹曹家岡

江寧尉劉宰墓 縣[illegible]十里白鶴山

元

廉訪使劉梓墓 在永寧鄉羊婆墩

逸民夏[illegible]毅墓 [illegible]縣西半里長蘆夏氏祠中知府夏瑢

明

布政使甘霖墓縣東北二里甘村官墩

同知張坤墓縣東六十里大山傍

訓導魏鐙墓縣北二十五里烏墩岡

知縣陳九思墓縣東三十里禪林山右

知府夏璿墓縣西十里長蘆夏氏祠中

教諭夏濂墓縣西十里薛城岡

副使韓叔陽墓縣東二十里東吴岡

副使張蘊墓縣東六十里祖山

僉事張應亮墓縣東七十里正賓山

郎中韓致墓縣東北二十五里翔鳳岡

知州張著墓縣東六十里老墳山

贈奉直大夫陳堯俞墓縣東七十里藍岡

知縣陳九齡墓縣東七十里藍岡

布政邢珣墓縣西北四里花犇岡珣當塗人

知府韓邦憲墓縣東十二里

錦衣邢世仁墓縣東北三十里鵬池山

通判陳九儀墓縣東學山後

推官邢繼本墓縣東十五里蔺墟

經歷邢繼芳墓縣東十五里下塘

同知孔忱墓縣東七十里陽堂山

斷事邢繼康墓縣東三十里周岡

序班孔一儒墓

斷事韓邦本墓縣北二十六里馬城山

知州孫豫墓縣西北滄溪人葬園埠下以上舊志載

贈奉直大夫陳九品墓縣東五十里李溪

贈尚寶司少卿張應望墓縣東六十里上谷村

國朝

兵憲徐一范墓 縣東二里甘村瓏上

義塚

一在西舍　一在官墩

又西舍義塚 縣東二里康熙十六年知縣劉澤嗣置冊載淡字號計丈一畝六分

一在拱極門外三畝　又陳希度置三畝　又陳希德希大有德增置四畝

孔旺村義塚 邑人邢璉置計十六畝

任慕岡義塚 邑副使韓叔陽置計七畝二分

羅家山義塚 知縣譚立碑爲漏澤園

廣通鎮義塚 邑人孔守時置二畝

雜志

夫變幻冥昧見聞增駭夫子不語固矣然高厚之中何所弗具不謂盡無也若一切斥而不存豈所以該物理而廣博識哉是編頗纖新奇閒及幽賾亦所不盡誕者紀之足爲世警若曰齊諧所志君子惑之則商羊萍實於聖何有存而不議覽者又當自得之矣

安興鄉李溪有虞媼者因驟雨以杯承簷閒水水中浮紅絲縷飲之遂孕及期產一蛇身具五色媼怖

纍而投之溪每至溪浣洗蛇輒來就乳乳亦湧射

蛇以咽承之既而厭惡之所以刀正斷其尾蛇忽

變頭角巨軀縡章風雨大作掉母入溪壅土成墩

而媪已葬其中矣龍出溪去行輒回首顧凡回者

二十有四一回則成一灣俗稱為望娘灣由湖以

達蕪湖江口不知所往每歲寒食及十月節前後

必有風雷昏黑數十里遠葬處雨雹交下皆云龍

祭掃至則河魚上壅居民持網以俟有一人而獲

魚數石者漁家每覘龍之出入以卜魚利如南入

而北出則南湖獲倍於北北入南出亦如之至今猶然

元末富民邢光輔豪俠隱居不仕家花卉規闢園圃築墩種樹花卉繁茂明太祖征寧國經花卉光輔迎駕助餉有功賜列第知州子邢貴復有功授羽林衛指揮使後運米違限忤當路劾奏被流籍沒今花墩數十畝遺址尚存墩上有長春花一種甚盛居民於開時相翫賞之

縣南五十里新化寺唐時所建明萬曆十七年忽有

二僧載紫霄碧霞佛像至寺衆方聚觀僧隨滅跡

鄉人因建行宫祀之

縣東北十二里淨行寺唐中和年建時方草創規制

未備忽苻前高家墩地湧大木數百章遂取以構

殿宇樓藏頗稱壯麗相傳至今以爲神異云

縣西三十里顯慈寺門有二石獅忽斷裂其縫五寸

許已而漸合今將滿矣人皆異之

高淳縣建自弘治六年其議始於應天府丞賓應龔

公綺惟時一村落耳綺得請則躬涖茲土往來相

度經營周旋數載首卜澤宮規制悉其指授工就廼列植貞松於宮垣之後曰松出牆文淳其有興乎後十餘年松踰牆隨有領鄉薦者嗣是人文漸盛相繼上春宮揚芳仕籍其言果驗今松日茂環繞如列障呼爲松屏云

縣西三十里犂耙渡有元時所植大樹一株圍丈餘形如獅子至今相傳以爲古蹟

縣東南花山山土五色牡丹託根石罅中三月開花開遍壤如雲邑人多載酒觀賞之有好事者鑿一石

務栽家檻輒枯死或謂花山乃銀山蓋銀之精氣所凝結而生也

縣東南六十里有一橋舊構以木靖難兵起至金陵本兵齊[illegible]奔赴闕[illegible]倡義勤王至橋橋折棄馬步行追及遇難鄉人高其誼因名馬步橋以志之今梁以石

縣東六十里火山南有澗深弘莫測明正德戊申八月八日午未時有物起淵中首如胡牛金目朱吻鱗甲耀日騰風雲盤旋數仞上掠西南而去蓋龍

云因名龍淵潤

明萬曆十五年大水龍潭河中有巨木綠苔蒙茸首尾不可覩倏長數丈倏縮如坏土隱見往來數是間水忽湧起高於岸二尺許亦龍類也

明萬曆十九年十月九日有龍起自西蓮湖兩雹隨之經宣之羅山金山抵淳之九龍山雹漸巨分兩道各橫濶五六里許中不受雹者二里許其左右所歷處稻無孑遺棉豆悉撲泥中擊殺牛畜甚衆人多被傷急趨舍中雹從瓦入避之床桌下而後

免其亦異矣時溧陽宮興被害尤酷直至浙之湖州而止

明初建天地壇徵梁木於淳時以唐昌千墩岡梅木應詔舁次石臼湖濟渡處有詔罷之木遂置不濟漸沒入砂磧初歲正二月間有梅花漂浮水面甚蕃後稍稀然亦常有數片今其地名梅墟而尚有梅梁名渡云

分界楊村民楊義者明洪武十九年戍雲南而歿子貞二負骸歸其妻袁氏號泣繼以死遂合葬焉後塚

上生荊一株傍根處復挺一枝其葉則榆也榆蕭異木而同本人以爲義感云

魏銓者與弟鐙同廩於庠嘗臨池見水中有人以手招之後經石臼湖溺死求其屍不得母孔氏禱之巫巫降曰晉宗三神也留而字爲八弟耳屍當自出越七日屍浮水上兩腋各挾一魚母撫屍哭曰是我兒其張目目張復曰眞是我兒其合目目遂合季弟銑有女銓卒時尚未誕後見銓謂曰何不祀我女母請之道銓容貌服飾見是家人遂繪像

祀之鐙以貢授泗水訓導登舟風落其帽浪靜而舟蕩至泗水十日卒家復叩於巫鐙附而言曰予咎落帽爲蕩舟而鐙不悟其命也夫人至今道其事不虛云

五石馬鞍等山初不知有煤明嘉靖末有取煤者過之曰煤山也因鑿井出煤取之不竭鑿至往時舊井處橫板柱木尚存煤已復生滿井矣有二人入鑿土崩壓井中三日家人灼龜卜之先灼小龜兆兆復購一巨龜卜之兆報以生因共致力撼土土

盡人見尚不死因問井中何似曰昏昏似夢中先見一小龜遶身莫知所往後見一大龜遶身三匝嚙其拇指因驚醒龜之靈異如此

縣西北十里三元殿者神以筆降明萬曆十六年有江西人負楮而行見者以爲布也曰此歉歲暮夜負布於此乎其僕聞之尾而殺之掘頭河役疫作羣僕皆死其人質之神神筆判曰掘頭河事發衆愕詫不解其人即曰非我使之也神云舉念是何人其人倉惶甚俄亦疫死又廟木爲人竊鋸里人

載神於舟求之夜則風雷驟至視火光所在竟得木

王村吳漕溝之間有農夫某者耘於田適一婦擔盒迤邐而來時暑甚汗流則之溝浴面解衣寘盒側而農人從其後竊之藏於棘中復傴僂而耘婦至覓之不得大哭曰是假之親而來者曷償之吾命在衣矣急欲投水忽大雷起農輒震死婦乃出衣棘中以行方數步復籲天曰是人誠不良柰何以一衣殺之復雷一震農人遂甦嗚呼庶女告天雷

雹下擊之信然

固城湖有聲起自水中如大爆遠近皆聞之然不知在何所近有漁者繫舟於葦邊至中夜忽然聲震蓋自水底起焉今歷十餘年皆然亦無他故不害何謂

縣西南二十五里有紅楊樹一株高大數圍根盤旋蔽道時風雨樹中有聲道缺周徛村人鳩工培補今益茂歷朔蔭兩岸陽址並以名村焉

康熙戊午歲有虎突來東壩匱王姆澗竹園内爲民

害行人褁足有勇士楊鳴忠格殺之載獻邑侯剖
視腹有五虎楊亦大創侯旌賞之尋卒侯嘉其義
勇建墓立碑並永免其子順牙雜差碑記載藝文
康熙己未歲夏月安興鄉民童茂學獻雙穗瑞麥一
本有頌載藝文

高淳縣志　卷十八　十三

高淳縣志卷之七

風俗

風俗之美莫大於忠孝節義也此四事固由於人實因乎地地土淳厚質朴風氣之所培而人生焉是皆得天地之正以有此人亦不自知也高淳之名淳者淳之字義說文曰質也朴也質而後文朴而後華又關乎習習定而風不移風行而俗不變斯謂之美忠孝節義之所由起者風也俗也淳邑之風俗上古勿具論即舊志所載宋元明間代不

邑人如劉綰之殉宋難甘霖之衡文皇花犇子之以柴養母史員八之割股廬墓余氏之受刃不屈易市爲里花山婦之被執投水魏澤之全孝孺後人孔安之出粟二千石皆淳產也風至於今效者不可勝數節孝則屢百餘人此風俗之大者可以觀矣至若婚喪飲宴衣服禮儀好巫喜劇訐訟忿爭謙讓信實文章禮教友道親情合古趣時俗習不一[illegible]邑互有七鄉微分天下多同淳爲足尚權其大者前志已書及其瑣屑條列於左

明萬曆志曰舊志稱男耕女織不屑末務春秋祈報有典親朋餽送有章第冠婚喪祭未能盡如古禮角力尚氣挾數健訟無能盡改自嘉靖初學政聿新士風寖盛富家漸知禮度貧氓恥於匄乞婚姻論閥閱市井無博戲無逋賦無嚚訟老稚不敢懷詐纍憎閭閻寖成敦本儉朴之風若然非居然一淳龐之邑乎哉茲遡而論之淳當洪武間風氣渾噩習尚質實士重廉恥民狎農畝居屋數椽無重棼華屏之麗衣惟布素庶人無敢與縉紳等燕會

不過五豆尤重鄉飲酒之禮凡不孝敬不力穡者擯不得與婦女無貧富必紝織未嘗出門外男子安土重遷無遠商者又永樂時齊尚書泰用衡命

夾禍連百室鄉人懲難絕意仕進非若今之家絃戶誦詩禮聲名濟濟相望者矣而以七鄉析論則永豐永寧淳而朴務稼穡嫺習禮儀崇敎柔而傷多以儒業教子弟徵輸無後期者遊山强而近實立信類遊山詩書倍之唐昌安興强毅喜訟女織尤勤近三湖之民取給綱罟可當上農風會日流

質漓文勝俗薄而趨於奢則有踈弛不檢事遊冶以廢業者有財勢自雄恣豪寇以凌鄉閭者有繡鏤其室靡曼其衣以侈觀者有芬藉肴蔌雜音舞娛賓坐而沈頓無已者他若信鬼崇優持兵攘會以侈嫁溺女以鼓吹治喪慼堪輿家言暴露積十數年至爭地相殺傷皆弊習也而好訐喜博尤爲近今之劇害夫瘠土之民勞勞則思善沃土之民逸逸則思淫民風嘗本於地矣然投巫俗革敎蜀化興偃草幅帛機又在上則夫撫循約束俾之嘗

勞而弗縱其逸惟明大夫加之意而已苟牙角樗蒲不可化誨則非厲禁莫之挽傳曰文武不備良民懼咎人政論亦今之座右箴也

凡嫁娶必論門戶或不相當則衆共訕笑之既締姻屢世親恤頗有厚道

喪葬用鼓樂尤信所謂回煞者巫示以期則舉家避之

二月初旬祠張菩薩自一日至八日多風雨曰張菩薩寒食節智村曹塘連界祠之尤異三月中旬拜

許香願挈家而往裝臺閣昇載牛羊雞鵞等物其費不貲至有以身禱揷刀鎗於臂繫鎖於頸祭畢出其刀鎗不創問之曰不痛菩薩卽祠山神

清明後村落迎神賽社閭里豪右各治具集僮演戲其延優若延大賓聚衆爭奪以必得爲勝又以降神談禍福鼓衆至有吞盞吐火爲幻者官下令禁格輒曰於地方不利

三月初旬邑中迎天將以人代爲像飾假面作鬼神狀服盔甲袍帶用鼓樂旗蓋導引跳舞街中約三

十餘隊隊周遊衢巷傾動遠邇窮鄉之人皆至計每隊費二十金而親戚聚觀宴飲之費復不可量物價騰踊數日始息官欲禁止則人皆洶洶謂必致大疫蓋亦鄉人儺云

物產

物產者一方之專產不與天下同獨有而衆無者也淳邑水多山少土瘠林疎無甚異物亦不多產前志似欲誇張忘其產之之義隨所見而書之至於蚊蟻蚯蚓蜈蚣蛇虫之屬皆欲侈而列之毋乃

并見徒爲本𦋐窮淳所有淳地專産亦無多物今

删其陋惟載其實以成信史

土布　羽扇　銀魚　蝦米　章雞　野鴨　莩薺

茨菇　菱米　芡實

賦役志

有土有財悉從地產有土有人盡賴天成田畝乃

安戶口民農始得稅糧至於均徭置驛以及漁課

無非賦也賦役已有全書紀載各撰實數我

朝署爲定額下邑存茲規條志乘用詳徵輸永便作

賦役志

戶口

明

弘治十五年

戶一萬二千五百一十五

口六萬七千四百六十三

正德十六年

戶無考

口成丁三萬六千一百二十六丁不成丁一萬九

千零三丁

嘉靖二十一年

户無考

口八千一百五十三丁

隆慶四年

户無考

口成丁六千六百丁不成丁四千九百零三丁

萬曆二十九年

户六千八百七十七户

口男婦共一萬六千七百四十一

男子一萬一百五十一丁

婦女六千五百九十口

成丁六千一百七十五丁不成丁三千九百七十

六丁

萬曆三十三年

戶無考

口八千一百六十三丁

國朝

順治二年

戶無考

丁七千五百一十九丁

順治五年

戶無考

丁七千六百一十九丁

順治十二年

戶無考

丁八千七百八十丁

土田

明

弘治十五年舊額

官田二千九十四頃四十八畝一分五釐

官地四百一十一頃一十一畝八分八釐

民田三千三百四頃五十四畝二分二釐

民地六百二十頃四十四畝九分四釐

官山二百五十八頃九十畝六分七釐

官塘一百二十八頃七十一畝七分九釐

民山九百九頃九十四畝二分二釐

民塘三百七頃九十六畝三

嘉靖間額

官民田地山塘池共八十萬五千三百六十二畝

四分五釐內

官田二十萬九千五百五十六畝七分五釐

民田三十三萬四百六十三畝九分七釐後因築

壩阻水廢田一十萬五十畝

官民地一十萬三千一百六十八畝一分二釐

隆慶四年丈量額糧則附

實田地山塘溝池潭壩象塲草塲共七十三萬六千一百七畝八分二釐一毫六絲七忽除廢没及扣折外

田共四十四萬六千九百三十二畝九分二釐三絲每畝科米九升五合六勺六抄

崇教立信永豐永寧遊山安興六鄉一則田三十五萬五千五百二十六畝六分五釐一毫五絲（改熟荒田三千七百四十八畝三分九釐一毫在内）

二折荒田五百一十八畝八釐一毫五絲折實田二
百五十九畝四釐七絲五忽

三折荒田八百九十一畝五毫折實田二百九十七畝一毫三
絲

入學官田二百七十九畝五分七釐五毫四絲
黄泮黄泗孔府等田收租聽儒學支用

入官官田二百一畝七分七釐五絲孔府田收租上倉聽
本縣備賑故曰入官官田

宣州斷還官馬頭田二千六百四十五畝五分

六釐五毫四絲九忽
宣州斷還官馬頭二折荒田一十五畝四分五
釐折實田七畝七分二釐五毫
宣州斷還官馬場田一千六百一十七畝六分
八毫七絲三忽
宣州斷還官馬場二折荒田三百一十四畝七
分四釐一絲五忽折實田一百五十七畝三分七釐
七鄉原有馬場民墾田九百二十五畝三分七
毫三絲

天界寺田三千二百一十九畝三分

唐昌鄉經界冊內并安興界內昌田共一十萬四千六百四十一畝五分三釐七毫改熟荒田七百五畝六分四釐四毫在內　按此鄉地瘠舊額獨輕今均一則難與各鄉一例故每一畝加增三分折算折實田八萬四百九十三畝五分一釐一絲

二折昌荒田二千二百六十畝三分折實田一千一百三十畝一分五釐

本縣原有馬場昌田二百二十三畝九分四釐每畝加田三分折實田一百七十二畝二分六釐二毫

外史村等圩廢荒田六千三百一十一畝八分六毫每畝科米一升

地共七萬六千七百一十二畝八釐五毫每畝科米三升

民地七萬六千七百六十四畝一分九毫

入官地四十一畝四分五釐一毫八絲孔府地

儒學地二十八畝八分一釐七毫二絲

宣州斷還馬場地三百五畝八分六毫七絲四忽坐落鹹魚毛家嘴大花灘

本縣原有馬場民地一千二百二十七畝一分

五釐五毫四絲

宣州斷還馬頭地八十一畝一分二釐三毫六絲

象場地一十七畝四分五釐六毫

天界寺地三十四畝七分六釐

永南新圩廢田堆地五百二畝二釐五毫

丹陽湖蘆柴場堆地七百九畝三分八釐

外丹陽湖沿費家嘴象馬塲荒熟地一千九百四十二畝三分五釐二毫內象塲熟地六百四十三畝一分二釐

象塲荒地八百六十一畝九分一釐　本縣原有馬塲熟地一百七十三畝八分八釐　本縣原有馬塲荒地一十八畝六分三釐　宣州斷還大花灘馬塲荒地二百四十四畝八分一釐六毫　已上每畝科米一升五合

草塲草灘河港稍荒灘水蕩共二萬四千七百九十畝七分四釐五毫八絲　每畝科米五合

丹陽湖草灘一萬七千二百六十四畝七釐

象塲二千四百四十八畝

宣城斷還大花灘馬塲七百六十九畝九分一釐三毫七絲

石臼湖草灘三千八百七十五畝八分九釐九毫

籃子港草灘一百六十三畝係斷沒官糧於積透米內除訖

遊山鄉荒灘水蕩二百六十九畝六分

安興鄉草灘四分一釐

山共一十三萬五百一十畝七分八釐四毫八絲

每畝科米四合

民山一十二萬五千四百九十六畝八分四毫八絲

儒學山四畝

入官山四畝孔府山

本縣馬塲山四千九百九十四畝九分八釐

塘壩溝池坜墩共四萬八千九百七畝一分二釐一毫五絲每畝科米四合

民溝池塘墩四萬八千五百九十五畝六分三釐七毫八絲

本縣馬塲塘一百九十八畝四分八釐七毫五絲

入官溝塘一百一十二畝九分九釐六毫二絲
孔府溝塘
又查出經界外徐家圩廢田二百畝
查出王柱王梃等冒昌田一百一十三畝扣該
田二十六畝
丈出唐昌鄉楊湧等田三十一畝八分九釐三
毫荒田一十畝六分九釐一毫二絲改熟
楊湧等原荒改熟田一十六畝二分二釐七毫
六絲九忽

崇教鄉查算撒透荒灘准廢田二百三十二畝

各鄉田地山塘等數

田崇教鄉六萬九千七百八十一畝九分九釐二毫八絲　外廢荒田二千九百七十六畝八分一釐三毫

立信鄉二萬九千四百四畝一分二釐五毫　外永中永南永北廢荒灘田一千五百畝

永豐鄉六萬八千四百六十七畝三分四釐二毫五絲七忽　外徐家圩廢荒田五十畝

永寧鄉五萬八千一百六十八畝一分四釐一毫一絲　外小殷典徐家圩廢田一千一

百畝

遊山鄉七萬八千五百六十五畝八分三釐四毫六絲外廢田五百二十二畝四分六釐八毫

安興鄉五萬七百四十九畝五分七釐九毫

唐昌鄉八萬一千七百九十五畝九分一毫二絲外漕墩溪灘淮廢田一百六十二畝五分二釐五毫

地

崇教鄉一萬五百七十八畝六分四毫五絲

立信鄉八千九百二十六畝四分九釐五毫

永豐鄉四千二百五十二畝九分七釐三絲丹陽湖象馬塲荒熟地一千九百四十

二畝三分五釐六毫一絲

永寧鄉三千九百三十五畝三分四釐一毫六絲

遊山鄉一萬七千七百六十七畝二分八釐四毫七絲

安興鄉一萬五千一百五十七畝三分一釐

唐昌鄉一萬六千九十四畝七釐九毫

山崇教鄉二千七百六十五畝四釐九毫二絲

立信鄉二千九百畝六分九毫

遊山鄉三萬七千六十七畝三分四釐五毫六絲

安興鄉四萬一千四百八十一畝三分四釐八毫

唐昌鄉四萬六千二百八十四畝九分七釐

池塘溝灘柄墩

崇教鄉五千三百八十四畝　外石臼湖草灘三千八百七十五畝八分九釐九毫

籃子港草灘一百六十三畝

立信鄉二千三百七十七畝七分七釐六毫

永豐鄉七千八百八十二畝三分一釐　外草蕩灘二萬四百八十一畝七分八釐三毫二絲

永寧鄉六千四百八畝八分一釐

遊山鄉七千七百六十一畝八分七釐四毫五絲　外荒灘水蕩二百六十九畝六分

五釐三毫六絲

安興鄉塘四千八百七十畝八分四釐八毫

外草塲灘四分一釐

唐昌鄉塘一萬二十一百一畝四分九釐二毫

官湖蕩一千九百四十畝　溪灘一百九十一畝四分八釐

萬曆三年

田地山塘共七十三萬四百八十五畝四釐七毫

國朝

稅糧

明

弘治十五年舊額

夏麥正耗一千一百八石七斗三升三合

絲綿農桑絲共一百三十二斤十二两四錢二分六釐

綿一百三十斤一十两二錢一釐

絲二斤二两二錢二分五釐

秋米二萬九千八百七十六石七斗三升五合八勺

勸米六千六百一十五石四斗九升五合一勺

馬草四萬八百三十三包五斤四兩八錢五分

嘉靖間舊額

夏麥正耗一千一百八石七斗三升三合

絲綿農桑絲共一百三十二斤十二兩四錢二分

六釐絲綿一百三十斤一十兩二錢一釐絲二斤二兩二錢二分五釐

秋正米二萬九千九百八十二石九斗三升一合

一勺加派百般稅馬草里甲鹽鈔等項通共勸正

耗均平米十五萬六百三十八石四斗六升五合

四勺內平米四萬七千八十五石一斗六升[illegible]合八勺荒白米三千五百五十三石二[illegible]九升七合六勺每米二石折平米一石該米一千七百七十六石六斗四升八合八勺
二頃共平米四萬八千八百六十一石八斗一升六合六勺

按溧水志洪武乙丑太祖以應天府屬縣係興王之地特命民田稅糧全免官田減半徵收至宣德間從巡撫周忱議民田每畝徵馬草一斤成化間從巡撫王恕議民田每畝徵勸米二升嘉靖十六年又加派夏稅馬草里甲鹽鈔等項

隆慶四年丈量均糧官民一則矣

嘉靖十七年

夏麥正耗一千一百八石七斗三升三合

絲綿農桑絲共一百三十二斤十二兩四錢二分

六釐綿一百三十斤一十兩二錢一毫絲二斤二兩二錢二分五釐

秋米荒白共平米四萬八千八百六十一石八斗

一升六合六勺

外加派里甲物料平米一萬七百石零

按是年刊行賦役書冊不待丈量實在之數而

先據弘治以前原額田地每官田科米一斗六升每民田科米四升遂致田地少於前而糧數反多虛懸米八千石至隆慶四年丈量始照實在起科

隆慶四年 丈量均糧總額

共平米四萬五千九百八十八石六斗三升九合

按是年掌縣同知鄧遵照巡撫海明文將里甲內原派各項物料編入一條鞭內議將原派里甲官銀內扣除一千四百三十六兩五錢八分

八釐八毫八絲每銀一兩准米二石該除平米二千八百七十三石一斗七升一合六勺故實徵該此數

內正米三萬七千四百八十八石六斗三升九合

虛米八千五百石

本縣築壩阻水廢田十萬餘畝旬懸虛米八千五百石累民包賠今照丈實田地及山塘潮灘溝池等項除該科正米外其虛米於實田地上加派帶徵

萬曆三年府尹汪刊行賦役冊總額

實徵平米四萬一千三百六石三斗二升六合五勺六抄五撮一圭七粟四粒荒白米在外

人丁八千一百六十二丁半除免外實在當差人丁七千六百一十丁五分

天界寺免平米二百六十七石二斗九升五合

實在當差平米四萬四百八十八石三升一合五勺六抄五撮一圭七粟四粒

里甲銀七千三百五兩三錢一分一釐二絲六忽

均徭銀四千三百二十八兩八錢六分六釐八毫九絲六忽四纖九塵九沙四渺

驛傳銀二百一十七兩二錢七分六釐

共銀一萬一千八百五十一兩四錢五分三釐九毫二絲二忽四纖九塵九沙四渺內閏月銀一十七兩七錢六分四釐

每年減銀九百四十五兩二錢四分九釐五毫四忽外每年帶徵閏銀一百四十二兩五錢三分一釐

萬曆三十三年額

夏正麥一千一百八石七斗三升三合每石折銀四錢共四百四十三兩四錢九分三釐二毫

絲綿農桑絲折絹一百七疋每疋折銀七錢共七十四兩九錢二項候秋糧折色銀内扣除每銀一兩准平米二石

秋實徵荒白銀八百八十八兩三錢二分四釐四毫

實徵平米四萬一千三百六石三斗三升三合八勺三抄二撮改折漕糧省免二六輕賫席木脚

耗米五千四百九十七石七斗八升八合九勺

免派實徵平米三萬五千八百八石五斗四升四合九勺三抄二撮

國朝

順治間

各項同前

徭役

明

弘治間額

民米一萬九千八百四十六石三斗九升五合編

差二百八十三

嘉靖間額

里甲均徭驛傳等項共徵銀一萬二千七百九十

六兩七錢三釐四毫二絲六忽四纖九塵九沙

四渺外閏月銀一百四十二兩五錢三分一釐

嘉靖十七年

加派里甲物料平米一萬七百石零

萬曆三年府尹汪刊行賦役冊數

里甲銀七千三百五兩三錢一分一釐二絲六忽每丁七分五釐每石一錢六分三釐三絲八忽五微

均徭驛傳銀四千五百四十六兩一錢四分二釐八毫九絲六忽四纖九塵九沙四渺每丁五分每石一錢釐八毫八絲五忽一微內均徭四千三百二十八兩八錢八分六釐八毫九絲四纖九塵九沙四渺驛傳二百一十七兩二錢七分六釐

萬曆三十三年額徵凡本年新增及加派者各註於下

人丁八千一百六十三丁內除優免一千三十九丁六分實該當差七千一百二十三丁四分每丁派銀一錢五分共一千六十七兩二錢五分

平米四萬一千三百六石三升三合八勺三抄二撮內除優免一千二百九十二石一斗九升五合三勺實該當差四萬一十三石八斗三升八合五勺三抄二撮每一石派銀二錢九分五釐一毫三絲五忽九微三塵共一萬一千九百九十八兩四錢六分八釐三毫二絲八忽二微二塵

二項優免數有消長須逐歲細查覈實始無欺弊其平米派銀有閏加增無閏扣減如遇公用則加編或增或減隨年徵派無定額

里甲銀共七千八百八十八兩三錢二分九釐一毫六絲七忽三微七纖

太常寺牛犢一十九隻每隻銀四兩五錢共八十五兩五錢水脚銀六兩

原額一十八隻

犒勞邊外牛羊果酒銀九兩五錢五分

內府供用庫黃白蠟等料銀五十五兩五錢水脚銀五錢五分五釐加

綱司銀二十九兩五錢　綱司銀萬曆二十五年增

禮部上下半年肥豬綿羯羊雞鵝等銀二百八十五兩三錢

水脚銀二兩八錢五分二釐

禮部蒼朮四千五百五十斤銀二十二兩七錢五分

兵部備用折色馬九十八匹每匹銀二十四兩該銀二千三百五十二兩水脚銀二十三兩五錢二分

南京兵部本色馬一十二匹每匹銀二十四兩該銀二百八十八兩水脚銀二兩八錢八分　原額五匹五分

兵部草料銀二百九十兩二錢五分七釐四毫水脚銀二兩九錢二釐五毫七絲四忽七微　萬曆五年增　原額每馬一匹銀一兩共二百七十五兩

工部料價銀一千四百六十九兩一錢四分九釐七絲五忽水脚銀一十四兩六錢九分一釐四毫七絲七微五纖　嘉靖三十六年增

工部磚料銀七十八兩五錢九分五釐水脚銀七
錢八分五釐九毫五絲
南京禮部曆日白綿紙銀一十二兩水脚銀二錢
四分 水脚本年增
文廟啓聖名宦鄉賢祠山川邑厲壇祭祀銀一百一十
二兩三錢
鄉飲酒席銀二十兩
文廟朔望行香講書紙筆墨銀七兩二錢
季考試卷銀一十四兩
歲考試卷銀二十兩每年帶徵銀六兩六錢六分
六釐六毫六絲
歲貢生員盤纏銀三十兩

科舉轎傘銀四兩三錢每年徵銀一兩四錢三分三釐三毫三絲三忽

科舉考官禮幣鹿鳴等宴修理等銀一十九兩五分每年徵銀六兩三錢五分

中式舉人銀五十五兩七錢九分六釐六毫一絲二微每年徵銀一十一兩九錢三分二釐二毫三忽四微

科舉謄錄書手門皂對讀生員三十二名共銀三十二兩每年徵銀一十兩六錢六分六釐六毫

舊舉人盤纏銀四十四兩七錢四分五釐七毫六絲三微每年徵銀一十四兩九錢一分五釐二毫六絲　萬曆五年增　原額二十二兩三錢七分二釐八毫八絲一忽三微

新進士銀二十三兩四錢四分四釐八毫五絲七忽五微每年徵銀七兩八錢一分五釐

舉人歲貢入監盤纏銀二十二兩六錢六分六釐六毫六絲六忽每年徵銀七兩五錢五分五釐五毫五絲五忽六微六纖

狐老布衣柴薪銀三十一兩八錢五分五釐二毫

本府應朝紙劄工食銀五兩每年徵銀一兩六錢六分六釐六毫六絲六忽

本縣應朝盤纏銀知縣六十兩典史二十兩吏書各八兩本冊紙劄工食銀一十五兩共銀一百一十一兩每年徵銀三十七兩

應試生員盤纏銀三十兩每年徵銀十兩

本府修理銀六兩六錢六分六釐六毫五絲

本府兩堂并各衙到任家火銀八兩四錢八分本年增

本縣新官家火銀知縣一十二兩　縣丞八兩　典史教諭各六兩　訓導各五兩共銀四十二兩每年徵銀一十四兩

本縣新官祭宴銀知縣四兩　縣丞三兩　典史二兩共銀九兩每年徵銀三兩

本縣修理銀二十兩

桃符門神春牛芒神銀三兩

本縣并察院案衣銀九兩六錢

撫院吹鼓手工食銀四十一兩六錢在民壯工食內扣除牙兵銀一十五兩四錢二分八釐六毫抵補外實編牙兵廩糧銀二十六兩一錢七分一釐四毫加水脚銀一錢四

釐六毫八絲　本年增

本縣油燭銀二十兩

本府抄案農民銀二十一兩八錢五分九釐

本縣支應銀三百五十兩

備用銀一百五十兩　萬曆五年增　原額一百兩

本縣走遞夫八十二名皂隸十四名每名七兩二錢共銀六百九十一兩二錢有閏月每名加銀六錢

本縣走遞馬三十匹每匹銀一十八兩共銀五百四十兩有閏月每匹加銀一兩五錢

御用監匠役衣糧銀四十兩二錢有閏月加銀三兩三錢一分八釐　萬曆五年增

蒼朮解戶水脚銀二十二兩九錢二分七釐六毫九絲外加正料銀三兩一錢　本年增

甲丁二庫銀硃等料水脚銀二十七兩九錢八分一釐九毫三絲七忽五微　本年增

聽用轎傘卷箱等銀五兩九錢

上司操練民兵花紅銀一十兩

紬編水牛角生銅鋪墊銀二兩五錢九分七釐一毫七絲　本年增

供應機房下程銀七十一兩五錢有閏加銀六兩五分九釐三毫二絲一忽

供應機房柴炭脚價銀四十九兩三錢三分九釐六毫五絲九忽七微六纖

萬曆五年增

供應機房線價銀八十四兩三分　萬曆五年增

修理馴象等四門幫磚工料銀一百四十兩　本年增

學院供應銀五兩九錢六分一釐七毫八絲七忽六微水脚銀二分三釐八毫五絲

本年增

民船差撥銀二十兩

鋪陳上一副十一兩　中二副十六兩　下四副十二兩共四十兩　三年一造每年徵銀一十

三兩[illegible]錢[illegible]分[illegible]釐三毫三絲

協濟江浦縣夫銀三十兩奉文改抵鹽糧

本縣察院什物銀九兩八錢一分　本年增

提學察院蓬廠銀九兩　本年增

修理貢院銀二兩二錢九分五釐每年徵銀七錢六分五釐　本年增

呈允加編煉灰銀四十兩一錢八分　本年增

加編南京內官監柴夫銀四十一兩八錢九分二釐　本年增

加編兵道家火什物銀三兩　本年增

按院廩給廩糧副本等銀一十五兩水脚銀六分　本年增

均徭銀四千三百八十六兩六錢六分一釐三毫二絲三忽三微九纖一塵九沙連驛傳銀二百兩二錢七分六釐共四千五百八十六兩九錢三分一釐三毫二絲三忽三微九纖一塵九沙內除三十二年分秋糧撥剩銀三百四十四兩九錢八分一毫五絲二忽五微九纖九塵抵補外實該均徭驛傳銀四千二百四十一兩九錢五分一釐一毫七絲七微九纖二塵九沙每一丁派銀五分五釐每一石派銀一錢一分七釐三毫一絲八忽七微

本縣柴薪皂隷七名每名銀十二兩共銀八十四兩有閏月加銀七兩

本府直堂皂隷五名每名銀十兩

本府檢校廳馬夫銀三十兩

縣學齋夫六名每名銀十二兩共銀七十二兩有閏月加銀六兩

縣學膳夫二名每名銀二十四兩共銀四十八兩有閏月加銀四兩

本縣馬夫三名每名銀四十兩共銀一百二十兩本年增

本縣門子二名每名銀四兩共銀八兩有閏月加銀六錢六分六釐六毫

本府門子一名銀七兩二錢有閏月加銀六錢

府學門子一名銀七兩二錢

本縣儒學門子四名每名銀六兩共銀二十四兩有閏月加銀二兩

本縣察院府館門子三名每名銀三兩共銀九兩有閏月加銀七錢五分

南京兵部皂隸六名每名銀十兩共銀六十兩加水脚銀六錢

本縣皂隸二十四名每名銀七兩一錢共銀一百七十二兩八錢有閏月加銀一十四兩四錢

兵備道皂隸二名半每名銀七兩二錢共銀一十八兩又奉文加增銀二兩五錢有閏月加銀一兩七錢八釐　萬曆五年增

南京戶部鹽倉庫秤三名每名銀一十二兩共銀三十六兩水脚銀一錢八分

本府皂隸十名每名銀七兩二錢共銀七十二兩有閏月加銀六兩

本縣儒學庫子二名每名銀六兩共銀十二兩有閏月加銀一兩　原額每名四兩

本縣儒學斗級二名每名銀六兩共銀一十二兩有閏月加銀一兩

龍江關庫稱銀四兩

本府都稅司巡攔銀三十二兩

聚寶門宣課司巡攔銀二十四兩

本府府前舖兵二名每名七兩二錢有閏月加銀六錢　原額每名六兩

本縣舖兵縣前南塘尋眞三舖十五名每名六兩有閏加銀五錢　雙牌沛橋松兒永豐
永寧五舖十六名每名五兩加编永豐永寧二
舖銀八兩八錢有閏加銀四錢一分六釐六毫
六絲松兒沛橋每舖加銀四兩有閏加銀六錢
六分六釐六毫六絲　駝頭舖二名每名四兩
有閏加銀三錢三分三釐三毫三絲　原額共
三十六名每名四兩

操院帶徵兵餉銀一百六十兩有閏月加銀三十二兩

海防銀一千六百四十四兩六錢二毫九絲六忽四塵九纖九沙六渺水脚銀八兩二錢二分三釐一絲四忽八微　嘉靖三十八年增

加編海防銀三百一兩六錢九分　隆慶五年復增

本縣民壯一百二十四名　內本府五名每名銀七兩二錢內牙兵六兩一錢七分一釐四毫免派實編銀八百八十六兩六錢二分八釐六毫有閏月加銀七十四兩四錢

南京長安等四門倉脚夫三名　每名銀七兩二錢共銀二十一兩六錢加水脚銀一錢八釐

本縣燈籠夫八名每名銀二兩共銀二十四兩有閏月加銀二兩

南京神樂觀膳夫二名每名銀六兩共銀十二兩水脚銀六分有閏月加銀一兩

本縣獄卒六名每名銀七兩二錢共銀四十三兩二錢有閏月加銀三兩六錢
原額每名五兩二錢

天地壇夫二名每名銀七兩二錢共銀一十四兩四錢水脚銀七分二釐有閏月加銀一兩二錢

南京酒醋麵局醫獸銀四兩水脚銀二分

太僕寺短班醫獸銀一兩二錢水脚銀六釐

本府司獄司獄卒二名 每名銀九兩六錢共銀十九兩二錢有閏月加銀一兩六錢 原額每名八兩

尚膳監醫獸四名 每名銀二兩共銀八兩

加編池陽營兵餉銀 七十三兩四分八釐三毫二絲三忽五微四塵九沙四渺

水脚銀三錢六分五釐二毫四絲一忽六微

本年增

廣通鎮巡檢司弓兵二十三名 內荻港營六名每名銀十二兩有閏月加銀一兩餘十七名每名銀六兩有閏月加銀五錢二項共銀一百八十兩五錢

南京光祿寺庫子一名 銀十三兩水脚銀一錢二分 原額十兩

加編義官八名義吏六名 義官每名銀四兩義吏每名銀三兩共銀五十

兩有閏月加銀四兩一錢六分　本年增

本縣預備倉斗級二名每名銀七兩二錢共銀一十四兩四錢有閏月加銀一兩二錢

加派撫院牙兵銀七錢有閏月加銀五分五釐

驛傳銀二百兩二錢七分六釐

龍江驛支應銀一十一兩五錢七分二釐

江東驛支應銀八十兩

大勝驛支應銀三十兩

江淮驛支應銀二十五兩三錢七分

雜賦

弘治五年

舊志曰按舊志溧水縣并三湖許家埠牛兒港新溝葛家埠四河泊所永樂十年採貢野味翎毛皮張黄白麻魚鰾等物歲辦無常數至弘治五年本縣分設有常數矣

門攤商稅酒醋鈔　二萬貫

門攤商稅本色鈔　八千三百五十五貫

門攤商稅折色鈔　八千三百五十五貫

酒醋鈔本色一千六百四十五貫折色一千六百四十五貫

許家埠河泊所折色黃麻二千五十九斤四兩白麻一千五百四十三斤翎毛三萬八千二百一十根折銀一十一兩四錢六分三釐魚鰾膠一百一十二斤折銀二兩二錢四分

牛兒港河泊所本色黃麻三千五百七十三斤折銀二兩八錢三分白麻二千六百七十九斤銀一十四兩一錢六分翎毛三萬八千三百八十一根

黃臘二百斤

白臘三十斤

翎草二百斤

蒲杖草二百斤

萬曆三年以後額

南京戶部窰冶商稅門攤本色鈔二千九百一十

三貫六百二十八文

酒醋房屋銅錢三千二百九十文折鈔銀八錢四

分三釐即今會計單派酒醋鈔銀房屋鈔銀各

三錢六分六釐五毫有閏月各加三分

五毫四絲

河泊所魚課鈔銀一十二兩五錢七分四釐五毫

八絲七忽有閏月加銀一兩四分七釐八毫在三湖罾網取採魚戶派徵至

國朝順治二三四年亦然順治八年改派槩縣

里長照各里魚戶之多寡帶徵

鰣魚廠船網什物銀四十六兩七分六釐三毫一

絲新增銀一十八兩

鱘魚廠船網什物銀二十三兩六錢九分四釐新

增銀一十二兩以上二項在本縣三湖罾網魚戶派徵至國朝順治五年改

入會計單內徵觧

魚油翎鰾折銀二百五十四兩五錢九分二釐自今

黃白麻料銀二百五十七兩八錢一分三釐八毫二絲至 國朝順治十一年折七本三黃白麻料七分該銀二百二十八兩五錢六釐七毫水脚銀二兩二錢八分五釐六絲七忽白麻本色三分該麻九百三十斤三兩三錢魚膠本色三分該膠四十九斤一兩四錢

匠班銀六十五兩二分

萬曆二十四年以後

有閏年分

本色窰冶鈔二千九百一十三貫六百二十八文

銅錢三千二百九十文

折色房屋酒醋鈔一千四百五貫一百六十文每貫

折銀六毫該銀八錢四分三釐九絲六忽

無閏年分

本色窑冶鈔一百二十八貫四十三文銅錢二千七百三十二文五分即今會計單派廣惠庫銅錢二千七百三十二文五分有閏月加錢二百二十七文七分

折色房屋酒醋鈔一千二百八十七貫八百七十文每貫折銀六毫該銀七錢七分二釐七毫二絲二忽

南京工部黃白麻料銀二百五十四兩五錢九分三釐五毫水脚銀二兩五錢四分五釐九毫三絲在溧縣三湖取採魚戶出辦

南京工部匠班原額一百一名告除逃移故絕二十四名又自行赴部投當一名今徵七十六名共銀一百八十三兩三錢七分五釐

鹽政

舊志曰高淳例食淮鹽其法屢變屢沮者以建平食浙鹽價賤而淳與接壤致之甚便勢不能禁也故萬曆三年立富戶領買之法未幾而罷後知縣董良遂募商收之儀眞亦無應者葢在民則不能舍賤而就貴在商則售雖貴而息猶不賞費也於是用淮揚食場鹽例令商赴場支買價與建平等私販遂少商民兩利焉舊額止八百二十一引今則五倍於昔其故可知已治人須治法此亦一徵

乎

鹽額

每年額派四千六百一十引

萬曆以後額

四千六百一十九引每引砠鹽七百八十斤

崇禎十年額

三千四百一十九引因鹽難銷奉文於前額內改撥一千二百引與上江二縣

國朝

順治五年額

小引八千六十引每引𥓓鹽二百三十斤奉監[illegible]

附舊志改食場鹽始末

李陔製

欽差巡按直隸監察御史蔡爲比例疏通食鹽裕課濟民事據高淳縣申稱本縣額食淮鹽八百二十一引囙切近廣德州之建平縣建平浙鹽價賤小民利於買食以致淮商阻絕歲月已久萬曆三年議令冬鄉發實人戶領買官鹽然行之未幾仍卽壅滯于時各官講求疏通非不盡心而屢行屢罷其勢誠難之也身職到任後召募商人至縣認赴儀眞所收買單

鹽由句容新河口解綑車運到縣每百斤價定八錢六分於萬曆十二年四月內具申本院詳允遵奉明文期於必行但商人召募之後遷延不至及屢行催促前來又告稱單鹽倍於浙貴買賤售難任虧本之苦今奉本院須定食鹽則於淮揚二府許食場鹽塲鹽每斤價止四五釐溧陽縣已經申請允行相應比例致本縣里老人等亦併呈乞願行場鹽以便小民為照鹽在民間切於日用聽其買食私鹽則廢法彊其驟食貴鹽則病民募商人貴買單鹽而抑之使賤

則商人斷不肯至而私販愈不可禁欲以遵銷引額通裕國課其勢更難卑職爲此籌畫莫能爲計今蒙本院見行淮揚二府食鹽二府之民仰沾盛恩今本縣與溧陽接壤事體正同故敢照例申請乞賜俯從容令給文飭商赴場支買原額引鹽到縣仍照溧陽申允事例每斤價定五釐發賣庶民樂食淮鹽不犯違禁之罪而課引逐年遵依大垂久遠之規合行申請等情據此照得鹽法之設貴在疏通本院所以視事之初卽有文所屬令條陳具冊者正謂如是之類

勢有當變通者耳今使高淳之民得舍守支之重偵者而食出場之少費者既稱合於人情而可行便於事體而無害務使着實舉行官鹽疏通國課恢通成不易之規垂永久之法至於大包影射之宿弊詳爲法制禁防引價餘銀之拖欠嚴爲限例徵收又有每引準與八百斤數使有利而人來樂趨繼遺姦有出於法外不猶愈於商人困累私販橫行者乎凡分派之法掣驗之規稽覈之例俱詳列於後除將原申允批該縣遵行仍將淮楊書冊內款目復改停妥用印

發去後續據回申前來相應刊布通行遵守為此仰縣及被橋委官弁鋪戶軍民人等知悉俱要查照款開事宜一體永為遵守施行將發去書冊及各單票簿式刊刻印刷頒布通行毋得違錯未便須至書冊者

馬政

高淳自弘治六年由溧水分縣隨分種馬二百三十一疋即分牧馬草塲共二萬[illegible]畝零刻石記數給散馬戶養馬官不徵租弘治九年倪給事中奏撥蒙城

興化二縣種馬三百一十九疋加派高淳暫養遂為常規共五百五十疋該養馬丁七千七百丁每年科徵備用銀一千九百八十兩其本縣相圍圩田向為宣人劉賢六謀買而場之附近者并為侵占馬加多而草場加少為累甚矣嘉靖四年邑民魏佾三等奏得蒙與之馬原係宣城寄之彼者兼之馬場復為宣民所得則馬當歸之宣城訐奏勘問斷將蒙與馬疋仍寄高淳其劉賢六謀占馬場共六千六百餘畝退還本縣而本縣驛傳銀一千四百餘兩改派宣城

等五縣出辦彼此允服至嘉靖九年應詔陳言馬政查田可墾種者照例納租自是通縣馬場每年徵銀二百两觧部其斷回馬塲多遭水患荒棄不田者半嘉靖三十九年知縣方履畝丈得荒熟草塲實止六千七百四十二畝分上中下三等給與馬頭丙百五十名每名坐一十二畝責令出貲開墾許爲世業由是漸成腴田矣其外各鄉之塲俱係荒廢無人承佃至隆慶二年知縣鄧乃招撫邑民築圩開墾始可丈量給帖歸戶其係斷回民田名馬頭田斷回馬象塲

名馬場田馬場地馬草場其原有者則名本縣馬場田馬場地俱照民田地一槩起科於是前項馬場無寸土不徵糧者矣萬曆八年奉例革除種馬每減馬一匹納草料銀一兩共徵銀五百二十二兩復加諸前項草料之上而草場之稅比民田倍重遂致告擾不已萬曆二十年知縣劉爲之調停以二百五十九兩責之馬戶以二百四十三兩令民代輸之遵行至今此馬政之大槩也至

國朝順治九年馬佃賄囑經承朦朧混詳將馬場租

銀飛洒闔邑花戶石糧代納又有漁課一項亦[illegible][illegible]編徵士民不甘於十二年將馬租漁課二項呈控縣主紀　照制申詳　撫院蒙批既有牧地完租漁船輸課因何改入會計編徵其中必有情弊發分守道查報轉府行縣俱覆馬租應出馬田漁課應歸漁戶並道書大矗侮文弄法因漁戶力貧照舊出編馬佃賄賂仍復朦朧致生員楊士一魏寅韋墳民芮渭等備將横派事情由遍控各　憲蒙　巡按御史劉批發督糧道章　審確仍將宜馬田租銀二百七十

二兩零着馬佃隨田辦納經承依律擬徒發驛馬佃杖懲示儆斷追租銀給還該縣賠累士民等因詳蒙

按院劉　批詳依擬轉行藩司更正會計永遠遵行

本縣詳文及奉　院道批准詳由開錄附後

本縣紀原詳看語　勘得宣馬場田五千五百畝坐落永寧鄉鱵魚嘴等處附近居民各認爲業共輸租銀二百七十二兩零自明嘉靖以至我朝未之有改也參之舊制考之碑文歷有確據矧昔云馬塲今則腴田納此微租永收厚利彼山鄉士民且以爲闔邑

分田作數家常業不無艷羨之私今幷將二百七十二兩之租無分山圩均派通邑在羣情自覺難平至於漁課一項倒看漁戶辦納益以渠輩專享網罟之利故耳所以名之曰漁課從不載會計也賦役全書昭昭可憑今亦於石糧內徵解槩令里長代催在本甲有漁戶者不難分代催之勞彼無漁戶者豈甘輸無業之稅且將此一項隨編徵派則漁便爲無課矣漁既無課漁課之名又何據而設山鄉士民嘵嘵有詞胡足異乎況節奉

綸音一切錢糧悉照萬曆年間徵派租課二項委係
新更似宜仍遵舊制專關錢糧异縣未敢擅便合行
申請　憲裁定奪施行
本府正堂何　回詳看語　查得兵部草料租銀隸
出馬場租賦無容贅議矣　又奉本縣回詳看語
看得馬田漁課二項原在額外歲徵從不載會計今
欲派槩縣石糧是有業無課無業加徵山鄉士民含
詞不甘輸無業之稅致有是控今　工部新徵蔴料本
色三分恐有混徵等情而有折七本三酌定時價自

十一年爲始准入由單使民易知之文竝未有不徵漁戶改入民戶民糧之條係縣職在司牧不得不照舊分清況歷來馬租俱隨馬田辦納歷來蔴料銀兩俱由池係船網人戶辦納似不應另有紛更所以俯酌輿情仍照萬曆年間事例理宜租歸馬田課還漁戶具文申詳至於前二項支用馬租隨馬田徵解北部以充草料漁課隨漁戶徵解北部以充蔴料蒙批覆查妥確理合據實回申爲此今備前由具申伏乞照驗施行

督糧道章 申詳看語 看得耕田納賦執業陞租古制宜然難容紊亂高淳縣宣馬塲田地五千五百畝乃永寧一鄉生員李汲等三百餘戶承佃每歲該納租銀二百六十兩其銀不納於受業之汲等而納於闔邑之七鄉偏枯已非一日及去歲闔縣諸生公訴出編即宜稱情翻案分豁清楚以絕後日訟端乃縣書陳善益仍復朦朧妄派致生員楊士一等屢有橫徵之控宜然也今奉 憲批察檄行江寧府查審據府斷以為馬塲田利專歸數人歲輸錢糧乃派通

邑情理兩悖拖累何堪遂將原田仍分七鄉而斷永寧上價之銀以還汲等似亦便截但細查此田爲永寧一鄉佃種自嘉靖以迄今日百數十年於玆矣且汲等公訴斷還價銀二千四百兩乃昔日上價充餉之銀數也至於私相交易者不亦而足目今焉能喚通縣士民逐戶審理况馬塲田地昔係荒蕪永寧各戶漸以開墾成方則歷來之工本亦屬浩繁今一旦翻百數十年之成案必使有田者無田恐將來葛藤更無已也本道數經細鞫查楊士一等原控初心止

難甘納無田之賦惟冀永斷出編免此長累是額外租銀自應執田者輸納更正會計永爲定衡但楊士一等代其輸租有年納過租銀數百兩今諒斷銀三百兩以還楊士一等杜絶葛藤兩造之心業已允服其經承陳善益輕忽妄詳那移出納一杖豈足蔽辜依律擬徒李汲葛之藟借公懷私輕變舊制理應罰穀以戒

按院劉　批　陳善益聽人願指罔上矇派徒懲非枉定發百善道驛擺站滿放李汲葛之藟止圖利已